Más allá de las palabras

LA ESCRITURA COMO TERAPIA

Helena Echeverría Martínez

Más allá de las palabras / Helena Echeverría Martínez. —1st ed.
ISBN 978-1790904914

Contenido

A mi madre y a mi hermana,
gracias por estar siempre a mi lado.

Introducción

Siempre he pensado que la escritura te invita al baile de la vida. De ti depende aceptarlo. Escribir es coreografiar una danza que implica poner sobre el papel emociones, sentimientos y pensamientos.

La escritura terapéutica no es algo mecánico que puedas utilizar sin adentrarte en tu interior. Así que, muchas gracias por estar aquí conmigo; te doy la bienvenida a este libro. A una obra que tiene como propósito ser un manual práctico de escritura terapéutica. Para ello, deseo que me acompañes a lo largo del recorrido que te propongo en estas páginas. Sé que tendrás la tentación de ir directamente a los ejercicios —puedes hacerlo— sin embargo, si empiezas desde la casilla de salida, harás que la escritura forme parte de tu vida para siempre, ya que comprenderás cuál es su valor terapéutico.

Permíteme empezar con una reflexión sobre lo que significa escribir para el poeta Ángel González. ¿Sabes?, a veces hay textos que merecen la pena tener presentes para recordarnos el camino de regreso a nosotros mismos:

«Escribir sobre uno mismo es una forma de explicarme, de poner en orden mi mundo, de reconocerme. Si no estuviesen dictados por la intención de hacer literatura, podría decirse que esos textos tan directamente basados en situaciones reales, en datos verdaderos, son el resultado de insólitas sesiones terapéuticas, en las que soy el paciente y el médico en una sola pieza. Y ciertamente, en ocasiones ha resultado ser un eficaz alivio de mis males.»

¿Qué sucede cuando escribimos? ¿Qué sucede cuando nos expresamos en el papel? ¿Qué sucede cuando la escritura es la llave para abrir nuestra mente?

Vamos directos al grano, a mancharnos los dedos de tinta. No deseo que este libro sea una lectura más, sino un lugar al que puedas recurrir en cualquier momento y donde encontrar respuestas o un ejercicio que te ayude. Así que, ten presentes estos tres puntos:

1. Tomar nota de todo lo que aprendas en este libro.

2. Hacer los ejercicios y ponerlos en práctica.

3. Escribir, escribir y escribir.

Da la oportunidad a la escritura terapéutica de transformar tu vida por completo.

Tu bolígrafo es el cincel para tallar la piedra. Y dentro de toda piedra hay una escultura esperando a ser descubierta. Piensa que estas páginas pueden ayudarte a descubrir cómo eres realmente detrás de todas las capas de cebolla que envuelven al ser humano.

Tállate a ti mismo con la escritura y encontrarás tu belleza, como hizo Miguel Ángel cuando esculpió la piedra donde se encontraba *su David.*

Llegó el momento; te encuentras con el cincel en la mano y la mochila a la espalda para afrontar este viaje. La escritura quiere sacarte a la pista, ¿le concedes este baile?

¡BAILEMOS!

La escritura terapéutica

Imagínate que estás delante de un espejo y pones tu mano sobre él. ¡ZAS! Puedes pasar al otro lado. Ese otro lado es la escritura terapéutica.

No te quedes solo con la imagen que ves en el espejo, con aquello que crees de ti mismo, con las identidades y máscaras que has ido construyendo a lo largo de la vida. ¿Por qué? Porque solo son un reflejo de lo que eres. Me atrevería a decir que son una mínima parte de lo que puedes encontrar si te animas a traspasarlo.

Te propongo ser Alicia en la novela de Lewis Carroll. Atraviesa conmigo el espejo donde aprisionas tu esencia para dejarla libre en cada palabra que escribas. *¡Te espero al otro lado!*

En esta otra cara están tus sentimientos, tus emociones y tus pensamientos reales. Quiero que te vuelvas real, que dejes de ser una copia de ti mismo.

De una manera sencilla, vamos a explicar qué es la escritura terapéutica. Recuerda que puede haber muchas maneras de exponer un mismo concepto.

La escritura terapéutica es:

- Un recurso que nos permite conocer, descubrir y gestionar las emociones, los sentimientos y los patrones de pensamiento. Es decir, nos permite la gestión interior y el equilibrio emocional.

- Un vehículo de expresión, curación y cambio.

- Una herramienta de exploración que nos pone en contacto con nuestro yo profundo, accediendo así a nuestras fortalezas y capacidades.

- El apoyo incondicional para la vida diaria.

- La disciplina con la que podemos trabajar diferentes aspectos de la personalidad y del bienestar.

- El recurso de salud para sanar heridas, ordenar la mente y conocernos tras el espejo.

Escribe estas definiciones en el papel. ¿Te das cuenta del poder que tiene la escritura terapéutica?

Detrás del espejo encontramos mil y una historias de cómo la escritura ha cambiado vidas. Acompáñame en la lectura de una de esas historias.

Cristina es una mujer de 47 años con un problema dermatológico en sus manos que lleva años intentando solucionar. Ha consultado a todo tipo de especialistas y ha probado toda clase de remedios, pero su piel sigue igual.

Además, su vida lleva tiempo desmoronándose como un castillo de naipes. Así que decide iniciar una terapia.

Cristina empieza a encontrar su espacio en las sesiones para expresarse y contar su historia. Su principal objetivo es terminar con su problema en la piel. La terapeuta le propone la siguiente tarea para casa: escribir una carta a sus manos.

Se sienta en su escritorio y observa su rostro en un pequeño espejo situado al lado derecho. Acerca sus manos para verlas a través de él. Por primera vez las observa detenidamente y las acaricia. Pasados unos segundos, se pone a escribir la carta.

¿Cuáles fueron los resultados de escribir a las manos?

- Re-conexión. Se dio cuenta de que sus manos se irritaban con el detergente, tenían frío y le dolían.

- Integración. Sus manos formaban parte de su piel, como una extensión de ella misma.

- Autocuidado. Volvió a tomar contacto con su cuerpo, con cada una de sus células. Comenzó a cuidar su cuerpo y a sí misma.

Después de escribir esta carta —de ir al otro lado del espejo—, su problema dermatológico fue mejorando. ¿Por qué? Porque comprendió que el primer paso para todo es reconectar con nosotros mismos, cuidarse y escuchar lo que el cuerpo quiere decirnos.

Esta historia nos permite enlazar con los beneficios que tiene la escritura terapéutica dentro de la salud física, mental y emocional. Te muestro los beneficios que trasmiten personas como tú y como yo, que usamos la escritura terapéutica cada día. No pretendo darte una lista de beneficios copiados y pegados, sino mejoras reales que obtienen personas «normales» cuando escriben:

- La escritura me permite crear un espacio personal para la introspección y el autoconocimiento.

- La escritura me ha ayudado a tomar conciencia de mí mismo y a comprenderme mejor.

- La escritura fue la clave para aumentar mi autoestima, teniendo más confianza interior.

- La escritura fomenta en mí una base sólida para construir mi personalidad y afrontar cualquier dificultad en mi vida.

- La escritura fue el bálsamo y la liberación para encontrar ese sentido vital tan preciado y tan escurridizo a la vez.

- La escritura es mi aliada en las noches de insomnio, donde me debato entre seguir adelante o romperme en pedazos.

- Con la escritura he comprendido que puedo ser quien me dé la gana, porque me reconozco en cada palabra que escribo.

- La escritura es mi momento íntimo, donde no tengo que engañar a nadie y puedo ser yo misma.

- La escritura es el aire para respirar.

- La escritura es el secreto para reconectar con nuestro poder divino.

- Escribo porque, de esta manera, me encuentro a mí mismo detrás de pensamientos y emociones.

- Hay un lugar dentro de cada uno al que podemos acceder escribiendo; se llama paz interior.

- La escritura logra desinfectar heridas. Escribir escuece, pero cura.

- La escritura facilita mi compromiso personal de sentirme bien y volver a mi centro cada vez que me pierdo con el ruido diario.

- La escritura es la ración de claridad y orden en mi mente que necesito. Rompo con el dolor cada día y amanezco con nuevas ideas.

- La escritura va a tocar a tu puerta. Descansa en tus manos. Pero depende de ti vencer la resistencia y ponerte a escribir.

- Cuando tengo una dificultad que me hace rogar al cielo escribo y, sorprendentemente, encuentro soluciones increíbles y alternativas eficaces.

- Con la escritura vuelvo a poder dormir, a mantener a raya mi ansiedad y a recordarme que todo esto también pasará.

- La escritura es mi genio de la lámpara para mi creatividad.

¿Qué te parecen estos beneficios en palabras de aquellos que escriben? Es posible que tú quieras tener en tu vida estos beneficios. Y eso vamos a hacer. De hecho, ya lo estamos haciendo con este libro. Permíteme ahora escribir los beneficios tanto físicos como psicológicos que tiene la escritura terapéutica:

- Reducción del estrés y de la ansiedad.

- Mejora del estado de ánimo.

- Fortalecimiento del sistema inmunológico.

- Incremento de la comprensión de uno mismo.

- Identificación y reconocimiento de emociones y sentimientos.

- Organización de ideas y pensamientos.

- Mejora de la presión arterial.

- Aumento del autoconocimiento y la autoconciencia.

- Autorregulación e integración emocional.

- Reconciliación de los conflictos emocionales.

- Mejora de la calidad del sueño.

- Enriquecimiento de la voz interior y la perspectiva personal.

- Disminución del número de crisis depresivas.

- Autodescubrimiento de diferentes maneras de resolver los problemas.

- Mejora de la conexión con las demás personas.

- Aumento y mejora de los procesos creativos y de la imaginación.

III

Qué no es escritura terapéutica

Quiero contarte una anécdota personal. Esta anécdota me permitió darme cuenta de por qué hay personas a las que no les funciona la escritura terapéutica o, dicho de otra manera, por qué no experimentan todos los beneficios y posibilidades que esta ofrece. La respuesta corta es porque no usan la escritura como instrumento de curación emocional, sino como instrumento de repetición de pensamientos y de rumiación constante.

Te recuerdo: tienes el cincel con el que puedes crear belleza o destruir la piedra. Tú decides.

Era una mañana de sábado y tenía cuatro horas por delante de un taller de desarrollo personal que impartía con una compañera. Mientras desayunaba, entre sorbo y sorbo de café, organizaba la sesión grupal que íbamos a tener. Estaba lloviendo y, por la ventana, se colaba ese olor a humedad que tanto me gusta. Así que terminé de desayunar, me lavé los dientes, me puse el abrigo y salí a la calle.

Cuando llegué al lugar del encuentro, todo estaba preparado. Sillas en círculo, calefacción encendida y folios sobre la mesa con varios ejercicios.

Entraron las participantes y se fueron sentando. Iniciamos este espacio de trabajo personal donde las palabras iban haciendo su función curativa. Llegó el momento de proponer a una de las participantes un ejercicio de escritura terapéutica; consideré que encajaba muy bien con su historia de vida. Esta participante me dijo que llevaba muchos años utilizando la escritura terapéutica y que ya conocía esta herramienta. Por ello, desechó la posibilidad de hacer el ejercicio.

Me quedé pensando: «Algo no encaja». Esta persona aseguraba utilizar la escritura terapéutica en su vida, pero su vida era una repetición de sufrimiento sin salida aparente. En ese momento me di cuenta de que no estaba utilizando la escritura como herramienta terapéutica, sino para hacerse más daño y encerrarse en su historia victimista de que «todo el mundo es responsable de lo que me pasa menos yo».

La escritura terapéutica no es «poner verde» al marido año tras año ni vomitar sobre el papel o desahogarse sin intención de autorreflexión ni de encuentro de soluciones.

Tú decides cómo tallar tu vida, cómo darle forma. Si te empeñas en esculpir una y otra vez lo mismo, la escritura será una cadena de sufrimiento y repeticiones. Tallar tu voz y construir tu escultura escribiendo requiere intención y compromiso.

Con la anécdota anterior, pretendo que tengas esa dedicación y responsabilidad para abrir tu mente a la escritura y le des ese espacio de re-descubrirla. Déjate sorprender y aprende.

Pon sobre la mesa las ideas previas que tengas acerca de la escritura terapéutica. Date cuenta de que la escritura es una disciplina que incluye: un proceso, una metodología y un trabajo, además de una continuidad y relectura de los materiales escritos. Por eso, en este libro, tienes un mapa claro de aplicación de esta herramienta. Por un lado trabajaremos con investigaciones científicas muy interesantes para el estudio de esta herramienta y, por otro lado, tendrás una base práctica de ejercicios debidamente explicados y divididos en 4 áreas:

- Autoestima.
- Emociones.
- Metas.
- Autoconocimiento.

Es necesario tener un encuadre para trabajar con la escritura terapéutica, si queremos tener un impacto positivo en nuestra salud y disfrutar de los beneficios que hemos visto anteriormente.

La escritura te ha invitado al baile, permite que esta te enseñe los pasos, aunque hayas bailado antes con ella. Esta vez la música es diferente, con otro ritmo y otros movimientos.

IV

Introducción a las investigaciones

Si queremos un aprendizaje completo de la escritura como terapia, hemos de conocer los estudios e investigaciones científicas de James Pennebaker, psicólogo y profesor de la Universidad de Texas en Estados Unidos.

Te propongo que te adentres conmigo a conocer dos investigaciones en el campo de la escritura expresiva.

La primera de las investigaciones trata del impacto que tiene en la salud escribir sobre situaciones traumáticas o difíciles, y el segundo de los estudios mide la influencia que tiene escribir en la búsqueda de empleo cuando la persona ha sufrido un despido.

Las investigaciones de Pennebaker miden el impacto de la escritura expresiva en la salud física y emocional de las personas.

Si me lo permites, quiero contarte la historia de este psicólogo y lo que le impulsó a investigar sobre la escritura en el ámbito de la salud.

> *Estaba estudiando un postgrado en la universidad cuando tuvo un episodio depresivo. Decidió no ir a terapia. Sin embargo, quería superar su dificultad y por eso se puso a escribir cada día. Se sentaba a escribir de diez minutos a una hora al día. Fue observando cómo se iba encontrando mejor, hasta que el episodio depresivo remitió. Esto le permitió darse cuenta de que la escritura había sido una herramienta de curación y comenzó a investigar.*

Es posible que estés pensando: «Si me pongo a escribir ahora mismo, todos mis males se terminarán». Sí y no. Tienes que entender que es necesario identificar qué te está sucediendo, tener el compromiso de dedicarle tiempo y sentarte a escribir sin excusas. Además, deberás ir evaluando los avances y analizando lo escrito a través de la relectura.

V

La escritura en situaciones de trauma

Vamos con la primera investigación científica. Pennebaker trabajó con la siguiente hipótesis —como seguro sabes, todo estudio tiene una hipótesis para validar—:

Poner por escrito una situación difícil o traumática hace que mejore la salud física y emocional de las personas.

Si participaras en esta investigación, ¿qué situación traumática elegirías para escribir? Un apunte valioso es comprender a qué nos referimos con «traumática», porque muchas veces no somos conscientes de haber vivido situaciones de trauma o no las hemos identificado como tal.

El trauma o traumatismo psíquico es:

- Acontecimiento en la vida de una persona que se caracteriza por su intensidad y la incapacidad del sujeto de responder adecuadamente. Es decir, la intensidad es tal, que la persona se ve sobrepasada para gestionar la situación produciéndose una ruptura en el funcionamiento psíquico.

- El resultado de un doloroso exceso de intensidad emocional que quiebra el funcionamiento mental de un sujeto, o que distorsiona gravemente el desarrollo del funcionamiento mental de un niño.

- Para la OMS, en el CIE-10, el trauma ocurre cuando la persona ha estado expuesta a un acontecimiento estresante o a una situación —tanto breve como prolongada— de naturaleza excepcionalmente amenazadora o catastrófica que podría causar un profundo malestar en casi todo el mundo.

Si me lo permites, voy a ponerte algunos ejemplos que se pueden encuadrar como situaciones «traumáticas». Siempre teniendo presente la vivencia y experiencia de cada persona:

- Un niño de 6 años que presencia cómo su padre apunta a su madre con una pistola. Desde ese momento, el niño vive en una constante angustia de que su madre se muera.

- Un joven que, al cumplir los 18 años, es expulsado de casa por ser homosexual y su familia deja de tener relación con él.

- Una niña de 5 años que vive durante la guerra una situación de pobreza, abandono y hambre. Ahora, de adulta, sigue paralizada sin poder dormir por si lo pierde todo.

- Una mujer de 20 años que tiene que exiliarse a otro país porque es perseguida por sus ideas políticas.

- El rechazo de un padre hacia un hijo, porque este no cumple sus expectativas. Este niño crece con una herida de falta de reconocimiento y sin sentirse querido.

- Una niña de 9 años a quien su primo la va a buscar a la salida del colegio; la lleva detrás de un árbol y abusa de ella. La niña se queda desde ese momento albergando un sentimiento de culpa y vergüenza que aún hoy le sigue acompañando.

- Una mujer que se separa y se queda en la calle; sin casa y sin dinero. Entra en *shock* porque le sobrepasa la situación y necesita tiempo para ir elaborando lo ocurrido.

Es posible que te hayas reflejado en alguna de estas situaciones o que estos ejemplos te hayan servido para identificar tus situaciones traumáticas. Recuerda que te proponía elegir una.

Esta investigación nos va a ayudar a dar una narrativa comprensible y a sanar estas situaciones traumáticas o difíciles.

El estudio se realizó con una muestra de 46 estudiantes universitarios divididos en dos grupos principales: experimental y control. La instrucción común era:

Escribir 20 minutos al día durante 4 días seguidos.

Después, cada grupo tenía una instrucción particular:

- Grupo experimental: escribir sobre «la experiencia más perturbadora o traumática de su vida», exponiendo sus «sentimientos y pensamientos más profundos» sobre dicha experiencia, sin preocuparse por la gramática ni la ortografía. Simplemente soltarse a escribir.

- Grupo control: escribir sobre temas superficiales o neutros.

Comparto contigo el texto concreto que utiliza Pennebaker con el grupo experimental. Lee con atención, porque podemos hacernos una idea de la visión que tiene este psicólogo sobre la escritura expresiva:

«Una vez que sea escoltado al cuarto de escritura y se cierre la puerta, quiero que escriba de modo continuado sobre la experiencia más terrible o traumática de toda su vida. No se preocupe por la gramática, la ortografía o la estructura de las frases. Quiero que en su escritura exprese sus más profundos pensamientos y sentimientos acerca de esa experiencia. Puede escribir acerca de lo que usted quiera. Pero cualquier cosa que sea que usted elija, tiene que ser algo que lo haya afectado muy profundamente. Idealmente, debería ser algo de lo que no ha hablado en detalle con nadie. Es fundamental que se deje ir y que se conecte con las más profundas emociones y pensamientos que tenga. En otras palabras, escriba acerca de lo que pasó y de cómo se sintió en relación a ello, así como también de cómo se siente ahora. Por último, puede usted escribir acerca de traumas diferentes en cada sesión, o sobre el mismo trauma a lo largo de todo el estudio; eso depende enteramente de usted.» (Pennebaker, 1990).

Este texto es interesante porque nos permite tener en cuenta una serie de recomendaciones a la hora de escribir:

- Escribir de un modo continuado.

- Elegir la experiencia más terrible o traumática de tu vida.

- No preocuparse de la gramática, ortografía o estructura de las frases.

- Expresar los más profundos pensamientos y sentimientos acerca de esta experiencia.

- Escribir de lo que quieras. Pero cualquier cosa que elijas tiene que ser algo que te haya afectado muy profundamente.

- Algo de lo que no hayas hablado con nadie.

- Dejarse llevar y conectar con las más profundas emociones y pensamientos que tengas.

- Escribir acerca de lo que pasó y cómo te sentiste en relación a ello y cómo te sientes ahora.

- Escribir de diferentes traumas o del mismo trauma a largo del estudio.

¿Cómo se evaluó el impacto en la salud? Midiendo la respuesta del sistema inmunológico en sangre a través de los linfocitos T. Se realizaron tres análisis de sangre a los participantes: el día antes de escribir, al terminar la última sesión de escritura y seis meses después.

Los resultados de la investigación fueron los siguientes:

- Se encontró una mejora del sistema inmunológico en el grupo experimental con respecto al grupo control.

- Las visitas al centro de salud universitario disminuyeron en un 50 % en el grupo experimental con respecto al grupo control.

- Después de seis semanas, los participantes del grupo experimental reportaron estados de ánimo mucho más positivos y menos enfermedades que los participantes de grupo control.

- Se valida la hipótesis de trabajo concluyendo que: *«Escribir sobre experiencias traumáticas es físicamente beneficioso».*

Conclusión: poner por escrito una situación traumática o difícil hace que mejore la salud física y emocional de las personas.

Una vez que conocemos los resultados de la investigación, vamos a examinar las conclusiones y reflexiones sobre escritura expresiva de Pennebaker y sus colaboradores:

- *Al principio, inmediatamente después de escribir sobre experiencias dolorosas, la gente se sentía más triste y su estado de ánimo empeoraba.*

- *El efecto superior de la función inmunológica estaba a su nivel más elevado el último día del estudio, pero tendía a mantenerse durante seis semanas.*

- *Los participantes comentaron lo útil que les había parecido escribir y cómo les había ayudado a «entender» y «manejar» las cosas.*

- *Esta investigación pone de manifiesto y corrobora la idea planteada por la psicología de que la inhibición o la represión de los sentimientos o pensamientos afectan negativamente a la salud y pueden conducir al estrés a largo plazo.*

- *Cuando escribimos acerca de las experiencias psicológicamente perturbadoras, nos enfrentamos activamente al evento y a las emociones que genera. El enfrentarnos activamente nos permite ser capaces de dar perspectiva a la experiencia y abrirnos al trauma, para construir una narrativa comprensible de lo ocurrido.*

- *En lugar de rumiar obsesivamente el acontecimiento doloroso de una manera que no da respuestas, y que posiblemente conduzca a problemas de salud mental, la escritura expresiva nos permite confrontar cognitivamente para procesar y curar el dolor. Es como extirpar una herida.*

- *Es importante entender que el mantener un diario o escribir sobre un evento traumático no es lo mismo que la escritura expresiva y, por tanto, no aportará los mismos beneficios para la salud.*

- Los investigadores señalan que *escribir sobre un trauma demasiado pronto afecta negativamente a la salud porque puede ser emocionalmente abrumador.*

- *Escribir sobre la misma experiencia traumática, una y otra vez, es igualmente perjudicial. Se trata más bien de estar comprometido con la escritura de una manera que verdaderamente evalúa la experiencia durante días consecutivos, porque ha demostrado ser la mejor manera de procesar y sanar.*

Con la escritura construimos un discurso comprensible de lo vivido, permitiendo que el elemento sanador de la comprensión nos libere. Coge tu bolígrafo y comienza a escribir para ir encontrando una narrativa coherente, ordenada y manejable de los acontecimientos vividos.

Los traumas quieren salir a luz, los sentimientos inhibidos quieren ser palabra y las emociones quieren ser liberadas del cuerpo. Este impulso cobra forma y expresión cuando escribimos.

VI

La escritura en una situación de despido

Seguidamente encontramos la investigación en el área laboral realizada también por Pennebaker y colaboradores. La muestra con la que se trabajó fue de 63 hombres que habían sido despedidos de sus empleos. La situación difícil que se utilizó para escribir fue la situación de despido.

La hipótesis que se quiso validar en este estudio fue:

Escribir sobre la pérdida de empleo genera más posibilidades de encontrar trabajo.

La muestra de 63 hombres se dividió en dos grupos. Los dos grupos tenían la misma instrucción en común: *escribir 30 minutos diarios duran 5 días consecutivos.*

- *Grupo experimental:* tenía la instrucción concreta de escribir sobre sus pensamientos y sentimientos más profundos acerca del despido, así como sobre el modo en que sus vidas personales y profesionales se habían visto afectadas.

- *Grupo control:* su instrucción era escribir sobre sus planes para el día y sus actividades de búsqueda de empleo.

Ahora te pregunto:

¿Crees que el hecho de escribir respecto a los sentimientos y pensamientos más profundos en cuanto a la pérdida de empleo permitirá al grupo experimental encontrar antes trabajo que al grupo control?

Los resultados fueron los siguientes:

- Después de 3 meses: El 27 % de los hombres del grupo experimental tenían empleo. Frente a un 5 % del grupo control.

- Meses más tarde se volvió a hacer un seguimiento de los participantes: Más de un 53 % de los hombres del grupo experimental tenía un empleo, frente al 18 % de los hombres del grupo control.

La conclusión del estudio fue:

Los participantes que escriben sobre la pérdida de empleo son mucho más propensos a encontrar trabajo en los siguientes meses del estudio.

El hecho de poder escribir sobre los sentimientos y pensamientos más profundos de esta situación difícil de pérdida de empleo permitió una mejor gestión de las emociones y ayudó a encontrar una ocupación más rápidamente.

De las dos investigaciones científicas que te he propuesto podemos sacar las siguientes conclusiones. Es importante tenerlas presentes en nuestra práctica de escritura terapéutica:

1. Los beneficios que tiene escribir durante varios días seguidos y hacerlo sobre situaciones difíciles o traumáticas de cualquier área de tu vida.

2. Utilizar un tiempo concreto y establecido para la sesión de escritura.

3. Escribir de una manera continua, sin prestar atención a la gramática, sintaxis y ortografía.

4. La escritura es un vehículo para conectar con los sentimientos y pensamientos más profundos.

Estas 4 conclusiones, extraídas de los estudios de Pennebaker, tienen la finalidad de buscar una narración coherente y comprensible para manejar emociones, procesar el dolor y extirpar las heridas, permitiendo así un impacto positivo en la salud física, emocional y mental de las personas.

VII

Recomendaciones para escribir

Cuando hablamos de escritura terapéutica, directamente se nos ofrece un ejercicio suelto que no sabemos bien cómo ponerlo en práctica, creyendo que puede ser «algo mágico» para cambiar nuestra vida. Sin embargo, me temo que la escritura terapéutica no funciona así. Es verdad que hay ejercicios transformadores, pero no solemos realizar su práctica correctamente ni sacarles el máximo beneficio.

En este apartado quiero hablarte de recomendaciones para escribir. Estas recomendaciones te van a ayudar mucho para asentar las bases de una buena y sanadora escritura. ¿Me acompañas?

Todo cambio, el tuyo, el mío y el del vecino, sucede en nuestro interior. Toda la comprensión de tu vida se inicia en ti. La escritura puede acompañarte y puede ayudarte a abrir las puertas internas. Pero no quiero que consumas este libro como un libro más. Tú eres la fórmula principal de la ecuación, así que eres tú quien ha de iniciar esa transformación; no te quedes fuera.

Si tienes claro que en tus manos está el poder de transformar tu vida, vamos por buen camino. No tienes que creerme, sino experimentarlo. Verás que la escritura te irá devolviendo ese poder que creías perdido.

Dentro de las recomendaciones para escribir, debemos hablar de cómo se nos enseña a escribir. ¿Te acuerdas de cuando aprendiste a escribir? ¿Recuerdas a los profesores? ¿Recuerdas esos dictados en voz alta? Sé que a mucha gente le recorre un escalofrío, porque aprender a escribir en la escuela fue una experiencia de correcciones y castigos. Y este hecho puede ser una barrera a la hora de ponernos a ello, por este motivo, vamos a derribarla ahora mismo.

Se nos ha enseñado a escribir desde el miedo a hacerlo mal, desde la crítica y desde el castigo, además de tener que seguir unas normas estrictas. Estarás conmigo en que así se pierde el alma en la escritura. La redacción no es un proceso matemático de sujetos, predicados, sustantivos y frases perfectas. Escribir, en nuestro caso, es un proceso curativo donde las palabras van descifrando emociones e iluminando nuestro interior.

Cuando finalicemos este apartado, quiero que tus manos sean libres para escribir. Que el folio en blanco sea un espacio seguro y confidencial. Elimina conmigo todo condicionamiento a través del siguiente texto de la escritora Julia Cameron:

«No se nos prohíbe escribir, pero se nos desanima a hacerlo. Las escuelas nos inculcan continuamente el modo de expresar nuestras ideas, y sus técnicas incluyen aspectos como ortografía correcta, temas de redacción y formas de evitar los rodeos, de manera que la lógica se convierte en la autoridad máxima y las emociones se mantienen a raya. Escribir, tal cual se nos enseña, se transforma en una actividad deshumanizada. Nos pasamos la vida corrigiendo el estilo, omitiendo los detalles que no resultan pertinentes. Se nos instruye en la duda personal y la autocrítica, en lugar de instruirnos en la propia expresión.

Por consiguiente, la mayoría de nosotros intentamos escribir con excesivo cuidado. Intentamos hacerlo "bien", que suene inteligente. Y nos quedamos en el intento. Escribir se nos da mejor cuando no lo trabajamos tanto, cuando simplemente nos damos permiso para pasearnos por la página. Para mí, escribir debe ser como un buen pijama: cómodo. En nuestra cultura vestimos generalmente a la escritura con un traje militar. Queremos que nuestras frases marchen en pequeñas y ordenadas filas, como niños obedientes en un internado.»

¿Qué te ha parecido? ¿Te ha hecho pensar? Es el momento de cambiarnos de ropa. De dejar el traje militar de la escritura y pasar a usar el pijama cómodo, tal y como dice el texto.

Las dificultades que puedes encontrar a la hora de escribir tienen su raíz en cómo nos enseñaron a hacerlo. Me encuentro personas que dicen «yo no sé escribir», «yo escribo mal», «yo no soy escritora»… Todas estas creencias son falsas, porque es imposible hacerlo mal. La escritura que te propongo es únicamente para ti y para tu bienestar. Atrévete a perder el miedo. Como decía Machado:

«*Caminante no hay camino, se hace camino al andar*». ¿Quieres hacer tu camino con la escritura? Escribe.

Si analizamos el texto que acabamos de leer, parece que el acto de expresar nuestras ideas por escrito tiene normas y que las emociones no tienen su espacio. Fíjate que cuando empiezas a escribir, casi automáticamente, se activa una voz crítica que nos dice lo que debemos corregir y nos detenemos haciendo cambios en el estilo, redacción y ortografía. Al hacer eso, ¿dónde queda nuestro fluir interior?

Tengo una buena noticia, esta parte crítica a la hora de escribir se puede silenciar y apagar. ¿Cómo? Por ejemplo, escribiendo sin detenerte, suspendiendo el juicio en tu sesión de escritura o escribiendo más rápido.

Te voy a dar el secreto definitivo que usa una profesora de universidad para ayudar a escritores en sus bloqueos. Esta profesora se había dado cuenta de que cuando los escritores se ponían a escribir, lo hacían de manera tradicional. Es decir, iban escribiendo, corrigiendo, borrando y releyendo. Esto mataba la creatividad y el fluir de la escritura. La parte crítica de la mente sabotea el proceso de escritura.

La solución:

Tapar la pantalla del ordenador. Así de sencillo. Pruébalo. Si tienes que escribir un trabajo, un artículo o un libro, tapa la pantalla y escribe. De esta manera no te molestará tu parte crítica. Una vez hayas terminado de escribir, entonces puedes hacer las correcciones. Esta técnica, para mí, fue todo un descubrimiento.

No solo tapar la pantalla puede ayudarte con la creación de un escrito, sino también con una dificultad en tu vida o con una respuesta que busques a un problema. Tapa la pantalla y escribe, aparecerán soluciones y encontrarás respuestas. *¡PRUÉBALO!*

Acabo de darte un gran secreto para derribar los bloqueos a la hora de escribir. ¿A qué esperas para comenzar?

Si todavía sigues con dudas de que la escritura sea para ti, escucha lo siguiente:

- Si has tenido problemas de aprendizaje en la escuela, puedes escribir.

- Si has tenido dificultades en la asignatura de Lengua y Literatura, puedes escribir.

- Si tienes faltas de ortografía, puedes escribir.

- Si te diagnosticaron dislexia, puedes escribir.

- Si tienes mala letra, puedes escribir.

¿Captas la idea? La escritura es para todo el mundo. Si te fijas, vivimos en una sociedad y cultura que solo presta atención a la estética y no al interior. Si lo trasladamos a la escritura, hemos de pasar de obsesionarnos con la forma y centrarnos en lo esencial: el contenido.

Continuando con el texto de Julia Cameron, en él se nos habla del bloqueo y del miedo que muchas personas tienen a hacerlo mal, a equivocarse, a no escribir «bien», de escribir una «tontería». Esto nos hace realizar un esfuerzo excesivo, nos obliga a tener demasiado cuidado y paraliza nuestra expresión de ideas, sentimientos y emociones.

Te recuerdo que... *es imposible hacerlo mal*. Cuando tenemos demasiado cuidado al hacer algo, te aseguro que el resultado será peor. En cambio, cuando dejamos de tener miedo al fallo y nos centramos en escribir sin más pretensiones que poner una palabra detrás de otra: ocurre la magia.

¿Sabes cuál es la cosa que más cuesta a la hora de escribir? Sentarse a escribir. Por ello quiero ponértelo lo más fácil posible con las siguientes recomendaciones y así ir desarrollando tu compromiso con la palabra escrita. Estas recomendaciones también te van a ayudar a crear tu espacio personal de escritura.

- Busca un lugar seguro y cómodo. La idea clave es tener un espacio para ti, ya sea una habitación o un pequeño escritorio con una silla donde puedas sentirte seguro.

- Cuando vayas a escribir, elige un momento del día en el que no vayas a ser interrumpido, y si es necesario, pon un cartel de «no molestar». Adicionalmente, esto va a contribuir a poner límites personales y a autocuidarte. Se trata de tener un tiempo para ti al día.

- Elimina todo tipo de distracciones como el móvil y la televisión. Eres tú y la escritura. Aunque he de decir que hay personas que también escriben con música suave y la escritura se convierte en un acto de meditación.

- El objetivo es darte la oportunidad de expresarte, de plasmar tus pensamientos y emociones sobre el papel. La oportunidad es tener un espacio personal para ti.

- Ten a mano bolígrafos, papel, libreta y todo lo necesario. A veces pienso que el acto de escribir se puede convertir en un ritual distinto cada vez. Depende de nuestro momento interior o circunstancias. Podemos tener diferentes libretas, bolígrafos y plumas, así como también folios de diversos colores para poder practicar ejercicios concretos de escritura.

- Es posible que te llenes de excusas diciendo que no tienes tiempo para escribir. James Pennebaker nos propone que escribamos justo antes de irnos a dormir. Considera que es el mejor momento, y yo pienso que es donde menos resistencias tendrás para coger el bolígrafo y escribir. Además, puedes tener preparado tu cuaderno en la mesilla de noche.

- De igual forma puedes utilizar el momento de la mañana para escribir tus páginas matutinas, compartiendo tus sueños nocturnos, organizando tu día y soltando tensiones.

- Escribe como te sea más cómodo: a mano, a máquina o a ordenador.

- Quizás te estés haciendo la pregunta: ¿De qué escribo en mi espacio de escritura terapéutica? Te voy a dar algunas sugerencias. Recuerda vestirte con tu pijama cómodo.

- o Un tema que te preocupa o en el que pienses en exceso.

- o Temas que se repiten en tu día a día.

- o Tus sueños nocturnos.

- o Una situación difícil que quieras elaborar.

- o Algo que está afectando de manera negativa en tu vida.

- o Un nuevo proyecto que quieras realizar.

- o Un viaje que estás organizando.

- o La última discusión con tu pareja, padres, amigos o hijos.

- o Un tema al que lleves tiempo evitando enfrentarte.

- o Resentimiento y rabia hacia una persona que te hirió.

- o Una ilusión nueva en tu vida.

- o Cómo ha ido tu día. Cómo te has sentido y qué has pensado.

- o Cosas por las que sentirse agradecido en el día de hoy.

- o Una motivación fuerte que siempre tienes presente.

Hay muchas opciones para escribir. Estas son solo algunas ideas para inspirarte, pero seguro que te surgen muchas más.

Y, por supuesto, también vas a tener los ejercicios de escritura terapéutica de este libro.

- Para obtener una narrativa coherente, que nos ayude a nuestra comprensión, Pennebaker nos propone utilizar palabras como: *causa, efecto, debido, razón, entiendo o significado.* De esta manera, iremos dando sentido a nuestra historia.

Espero que apliques estas recomendaciones y las tengas presentes para crear tu espacio personal de escritura. Imagina este lugar como un espacio de autoconocimiento, libertad e introspección para expresar emociones, sentimientos y pensamientos.

Podemos incluir en este apartado dos claves que te van a resultar muy útiles:

- La escritura te ayuda a ponerte en contacto con tu voz interior y a ir dando forma a tu verdadera identidad. Nos permite reconocer en nosotros esa parte esencial, tu yo profundo, que siempre tenemos oculto entre todos nuestros condicionamientos. Dicho de otra manera, escribiendo vas a encontrar tu parte intuitiva y creativa.

- Para tener tu espacio personal de escritura es necesario un compromiso contigo mismo. Justo por eso te propongo crear una lista con 10 razones para escribir. Tenerla presente te va a ayudar en tu transformación a través de la escritura.

¿Quieres dar un paso más? ¿Estás motivado para tener tu espacio personal? Si es así, te invito a interiorizarlo como tu lugar de creación, un área donde puedes plasmar imágenes inspiradoras, pensar frases motivadoras y tener todos aquellos materiales que faciliten tu labor de escribir.

VIII

Los obstáculos cuando escribimos

Vamos a identificar y eliminar los obstáculos con los que te puedas tropezar a la hora de escribir. Quiero dejarte sin excusas para ponerte hoy mismo a escribir.

El primero de los obstáculos que te vas a encontrar es tu juicio. Es decir, esa voz interior crítica que juzgará y opinará de todo lo que pongas en el papel. Por tu mente aparecerán ideas del tipo:

- Lo que escribo es una basura. No tiene valor.

- Lo que escribo no sirve para nada.

- Lo que escribo está mal, no sé escribir.

- Esto de escribir es una tontería.

Si utilizas este tipo de críticas u otras similares, no vas a poder fluir con tu escritura, porque te vas a detener. Así que recuerda suspender tu juicio durante tu sesión de escritura. Por unos minutos al día, crea tu espacio libre donde apagar tu voz crítica para sacarle el máximo beneficio a esta práctica terapéutica.

El segundo de los obstáculos que encontrarás es detener tu escritura. Es decir, te sientas y empiezas a escribir, pero al minuto te paras. No sabes cómo continuar. Suele ser habitual quedarnos en blanco, pues nos entran dudas y miedos. Ten presente que: cuando detienes tu escritura, estás deteniendo también tu proceso creativo y sanador.

Para eliminar este segundo obstáculo te propongo lo siguiente:

- Si te quedas en blanco, escribe la última frase varias veces.

- Utiliza una pregunta llave para responderla: ¿Qué pienso de esto que acabo de escribir? ¿Cómo me siento con esto que he escrito? ¿Qué pensaría mi madre o padre de esto que he escrito? ¿A qué me recuerda esto? ¿Qué estaba ocurriendo ese día?

- Ten una pequeña nota con dos preguntas llave o el recordatorio de escribir la última frase para continuar escribiendo.

- También puedes escribir algo tan sencillo como: «*No sé qué más escribir o no sé cómo continuar...*».

- La clave es que tu mano siga en movimiento y tú sigas escribiendo sin detenerte.

El tercer obstáculo son las excusas que pondrás para no hacerlo. Seguro que cuando llegue el momento de sentarte, tendrás una larga lista de razones para no escribir. Puede haber muchos motivos que sustenten tus excusas. Para terminar con estas, haz lo siguiente:

- Recuerda tu compromiso con la escritura y contigo mismo de explorar tu interior para sentirte mejor y comprenderte.

- Ten presente la idea básica de que es imposible hacerlo mal. Olvídate de la gramática y la ortografía.

- La mejor manera de eliminar toda excusa es escribir.

- Escribe una lista de 10 razones para escribir, procura que sean motivadoras.

- No tienes que escribir el próximo «*best seller*», solo se trata de poner sobre el papel una palabra tras otra.

El cuarto obstáculo es la inseguridad o sentir cierta vergüenza a la hora de escribir. Para eliminar este obstáculo, has de saber que la escritura es únicamente para ti, que tú eres el único lector. De esta manera, tu mente se sentirá más segura.

Sabiendo derribar estos bloqueos te situarás en la línea de salida perfectamente preparado para escribir. Tienes todo el equipamiento necesario unido al infinito de posibilidades que te ofrece la escritura.

Después de haberte hablado de recomendaciones y obstáculos quiero resumirlo todo en 7 reglas esenciales. Puedes tenerlas visibles en tu espacio personal de escritura. Estas *7 reglas para escribir* vienen de la mano de la escritora y profesora estadounidense Natalie Golberg. Vamos con ellas:

1. Mantén la mano en movimiento. Si te detienes invitas a la censura.

2. Pierde el control. No importa si lo que escribes es correcto o no.

3. Sé concreto, describe el detalle.

4. Sigue el primer impulso, no lo pienses.

5. Olvídate durante el ejercicio de la puntuación y ortografía.

6. No te preocupes si lo que escribes es la «peor basura» del planeta.

7. Ve a la yugular, escribe aun cuando el tema sea difícil.

¿Qué te parecen? Tenlas presentes a la hora de escribir, porque te van a ayudar.

¡VUELVE A LEERLAS!

IX

Introducción a la práctica de ejercicios

Ahora que ya tenemos una base sólida sobre la escritura terapéutica, damos paso a los ejercicios prácticos. Si estás comenzando el libro directamente por aquí, mi sugerencia es que leas también lo anteriormente escrito, porque te va a ayudar a sacarle el máximo partido a los ejercicios, además de crearte un mapa mental del valor y poder que tiene la escritura terapéutica para transformar y sanar tu vida.

Mi propuesta de ejercicios se divide en 4 áreas:

- Mejora de la autoestima.

- Gestión de emociones.

- Logro de metas y objetivos.

- Conocimiento de uno mismo.

En cada apartado tendrás 10 propuestas prácticas. Prepara papel y bolígrafo que comenzamos con los ejercicios. Lee cada uno con la máxima atención.

Quiero que observes estos ejercicios como una caja de recursos que siempre va a estar disponible para ti. No solo leas los ejercicios *¡HAZLOS!* Ten la experiencia de cómo la escritura puede ser una gran aliada.

Recuerda todo lo aprendido hasta ahora: aplica las recomendaciones para escribir, ten un compromiso firme y, sobre todo, libérate de las excusas.

¡ESCRIBE!

X

Mejora de la autoestima

Para desarrollar, mejorar y potenciar nuestra autoestima, primero hemos de definir qué es la autoestima. Aquí tienes una excelente definición del psicoterapeuta canadiense Nathaniel Branden:

«La autoestima es la suma de la confianza y el respeto por uno mismo. Refleja el juicio implícito que cada uno hace de su habilidad para enfrentar los desafíos de la vida —para comprender y superar los problemas— y de su derecho a ser feliz —respetar y defender sus intereses y necesidades—»

Dicho de otra manera, la autoestima tiene dos componentes esenciales: un sentimiento de capacidad personal y un sentimiento de valía personal.

¿Alguna vez te has parado a pensar en la importancia que tiene la autoestima en tu vida? Muchas veces la autoestima es la asignatura pendiente en la que pensamos trabajar cuando tengamos tiempo, sin darnos cuenta de que, desarrollando nuestra autoestima cada día, todos los aspectos de nuestra vida mejoran.

Es mi intención que comprendas la importancia crucial que tiene la autoestima. Por eso comparto contigo la siguiente reflexión de Branden:

> *«Aparte de los problemas de origen biológico, no conozco una sola dificultad psicológica —desde la angustia y la depresión, el miedo a la intimidad o al éxito, el abuso del alcohol o de las drogas, el bajo rendimiento en el estudio o en el trabajo, hasta los malos tratos a las mujeres o la violación de menores, las disfunciones sexuales o la inmadurez emocional, pasando por el suicidio o los crímenes violentos— que no sea atribuible a una autoestima deficiente. De todos los juicios a que nos sometemos, ninguno es tan importante como el nuestro propio. La autoestima positiva es el requisito fundamental para una vida plena.»*

Considerando las palabras de este psicoterapeuta, nos vamos a poner manos a la obra para mejorar nuestra autoestima con la escritura terapéutica. A continuación, tendrás 10 ejercicios prácticos que te facilitarán el camino hacia una autoestima fuerte.

Cada ejercicio es una propuesta para avanzar hacia nuestra confianza interior, nuestro sentimiento de capacidad y valía personal. A veces no se trata de analizar si tenemos o no autoestima, sino de romper aquellas cadenas que no nos dejan sentir la fortaleza y capacidad que hay en cada uno de nosotros.

Estos ejercicios serán las coordenadas en el mapa para llegar a nuestro destino. Haz que el viento sople con tu bolígrafo y despliega tu folio.

¡ADELANTE!

1 - 100 cosas que te gustan y valoras de ti mismo

La propuesta de este ejercicio es coger tu libreta o tu hoja de papel y escribir 100 cosas que te gustan y valoras de ti mismo. Dentro de la escritura terapéutica está el trabajo con las listas, estas nos ayudan a concretar y organizar la información.

Por lo general, nuestro foco está puesto en lo negativo. Nos enfocamos en lo que no nos gusta de la vida ni de nosotros. Pero es posible transformar nuestra mirada interior hacia una perspectiva nueva donde valorarnos a nosotros mismos y lo que hacemos.

Realizar este ejercicio nos ayudará a desarrollar nuestra autoestima y a tomar conciencia de nuestra valía personal, enfocándonos en aquello que nos trae capacidad y fortaleza.

¡TÚ ELIGES HACIA DÓNDE MIRAR!

Es posible que, mientras estés creando tu lista, algunas cosas se repitan o te quedes en blanco. No pasa nada. Si te quedas en blanco, sigue adelante escribiendo. Puedes repetir lo que has puesto anteriormente. El reto es llegar hasta el final de tu lista.

No te censures, no lo pienses mucho y escribe.

Una vez tengas tu lista: lee, analiza y reflexiona sobre ella.

- ¿De qué te has dado cuenta?

- ¿Qué te ha sorprendido?

- ¿Qué has descubierto de ti mismo?

2 - ¿No soy suficiente?

Nuestra autoestima está unida a cómo nos hablamos a nosotros mismos y cómo interpretamos la realidad en la que vivimos. Si no nos valoramos lo suficiente es muy difícil construir una autoestima fuerte que nos permita caminar con confianza. Con el siguiente ejercicio pretendo reflexionar sobre el estado interior de insuficiencia en que vivimos las personas.

Observa tus pensamientos, sentimientos y emociones en tu día a día y pregúntate hasta qué punto vives atrapado diciéndote «no soy suficiente» o «no tengo suficiente». Esto es indicativo de una autoestima débil.

La propuesta es que realices tu propia lista de «no soy suficiente» o «no tengo suficiente». Vamos a ver algunos ejemplos:

- No he dormido suficiente.
- No tengo suficiente tiempo.
- No tengo suficiente trabajo.
- No hago suficiente ejercicio.
- No tengo suficiente dinero.
- No soy suficientemente inteligente.
- No estoy suficientemente delgado.
- No estoy suficientemente en forma.
- No tengo suficiente éxito.

Si te fijas, vivimos con este tipo de afirmaciones desde que nos levantamos hasta que nos acostamos. No se trata tanto de tener una vida más o menos acelerada, sino del sentimiento de insuficiencia que justifica nuestra insatisfacción con la vida.

Es el momento de crear la lista. Te planteo algunas preguntas para ayudarte a confeccionarla:

- ¿En qué aspectos de tu vida no te sientes suficiente?

- ¿Qué es aquello de lo que crees no tener suficiente?

¡ESCRIBE!

Cuando tengas tu lista hecha. Léela y pregúntate:

- ¿Cómo me hace sentir?

- ¿Cómo es mi vida con la sensación de escasez constante?

Está en tu mano cambiar este esquema mental. El objetivo no es ir directamente a un esquema de abundancia, sino algo mucho más práctico: adoptar un esquema mental de suficiencia donde lo contrario a la escasez es «suficiente». ¿Puedes mirarte a ti mismo sintiéndote suficiente y teniendo suficiente? Para dar ese paso, te regalo el siguiente fragmento del libro *El alma del dinero*, de Lynne Twist:

«Cada uno de nosotros tiene la posibilidad, en cualquier situación, de dar un paso atrás y abandonar el esquema mental del "no es suficiente"; y lo maravilloso de tomar esta decisión es que en cuanto nos libramos de la sensación de que nos falta siempre algo descubrimos la sorprendente verdad de la suficiencia. Claro que con este término no me estoy

refiriendo a una cantidad de algo; la suficiencia no implica estar dos pasos por encima de la pobreza y uno por debajo de la abundancia, ni tampoco ser apenas suficiente o más que suficiente. La suficiencia no es una cantidad; es una experiencia, un contexto que generamos nosotros, una declaración; saber que hay suficiente y que nosotros somos también suficientes tal cual somos. La suficiencia reside dentro de cada uno de nosotros y tenemos la posibilidad de sacarla a la luz. Es una consciencia, una atención, una elección intencionada de nuestra forma de considerar las circunstancias.»

¿Ahora te pregunto: eres suficiente?

3 - Tu niño interior

Para mejorar la autoestima es necesario sanar nuestras heridas. Muchas personas tienen a su niño interior encerrado bajo llave y otras están secuestradas por sus demandas infantiles. La clave esencial es volver la mirada hacia nuestro interior, abrirnos a la compasión y conversar con esa parte de nosotros que sigue herida y demandante.

Elige una foto de cuando eras niño. Observa la imagen:

- ¿Cómo te ves?

- ¿Te reconoces?

- ¿Cómo se siente ese niño?

- ¿Hay sufrimiento, alegría, tristeza, miedo…?

- ¿Puedes relacionarte con él?

Cierra los ojos por unos segundos y visualiza tanto el momento en el que se hizo la fotografía como tu rostro, ropa y edad. Permite que tu niño interior tome la palabra a través de las siguientes interrogantes. Escribe cada pregunta y permite que se exprese a través de tu bolígrafo.

¡ADELANTE! Coge tu foto y dale el permiso a tu niño interior para pronunciarse, porque muy probablemente sea la primera vez que lo haga.

1. ¿Cómo te sientes?

2. ¿Qué es lo que te gusta?

3. ¿Qué es lo que no te gusta?

4. ¿A qué tienes miedo?

5. ¿Qué necesitas de mí?

6. ¿Cómo te sentirías si te diera lo que necesitas?

7. ¿Qué puedo hacer para que te sientas seguro?

8. ¿Cómo puedo hacerte feliz?

Una vez tengamos nuestro diálogo escrito podemos preguntarnos:

- ¿Cómo me he sentido?

- ¿De qué me he dado cuenta?

- ¿Qué he descubierto?

Es posible que, después de haber hecho el ejercicio, quieras completarlo escribiendo desde el impulso interior que sientas. También es valioso hacer una relectura pasados unos días.

Es importante comprender que hemos de ir adquiriendo una mirada adulta para sostener a nuestro niño interior.

4 - La valía personal

A veces es necesario hacer un ejercicio de honestidad y reconocer que, en muchas ocasiones, no nos sentimos valiosos.

Desde pequeños se nos enseña que tanto nuestro valor como recibir amor dependen de cumplir una serie de requisitos y mandatos familiares. Además, por otro lado, nacemos en una sociedad donde el valor de cada persona depende de cumplir con una imagen estética determinada y con desempeñar una identidad laboral. Este caldo de cultivo hace que nos distanciemos de las partes de nosotros mismos que no son aceptadas y no encajan dentro de los modelos familiares y sociales.

¿Cuántas veces buscas ser reconocido por lo que haces? ¿Cuántas veces buscas agradar para sentirte valioso? ¿Cuántas veces sientes que no mereces las cosas? ¿Cuántas veces te impones mantener una imagen?

Al final nos alejamos de nuestra historia de vida. Creamos listas de requisitos previos para sentirnos valiosos o, dicho de otra manera, para obtener nuestra valía personal. Estos requisitos pueden ser conscientes o inconscientes, pero están siempre presentes en nuestra vida.

¿Cuáles son tus requisitos previos para ser valioso? Te voy a dar algunos ejemplos comunes que solemos compartir las personas.

- Valdré cuando pierda diez kilos.

- Valdré cuando mis padres me digan...

- Valdré cuando tenga hijos.

- Valdré si todo el mundo piensa que soy…

- Valdré cuando consiga un trabajo.

- Valdré si tengo una carrera universitaria.

- Valdré si puedo mantenerme delgada.

- Valdré cuando tenga pareja.

- Valdré si le gusto a…

- Valdré cuando pueda hacer…

- Valdré cuando gane dinero haciendo…

- Valdré cuando mi pareja reconozca…

Para este ejercicio, has de darte cuenta cómo tu valor personal está condicionado por «valdré cuando…» o «valdré si…». Es necesario tomarte un tiempo para observar cómo actúas, dónde pones tu valía personal y, al mismo tiempo, para darte cuenta de cómo valoras a las personas.

Sé honesto y escribe tu lista de requisitos previos para ser valioso. No te censures al escribir. Hazlo de manera instintiva. Es posible que más adelante tengas que ir incluyendo más de esos prerrequisitos a tu lista.

¡ADELANTE CON TU LISTA!

Una vez tengas la lista preparada es tiempo de desafiar la manera que tienes de pensar con respecto a tu valor. Es el momento de reconocer que todos valemos ya, ahora. No «si…» o «cuando…».

Todos merecemos amor siendo como somos. Sin necesidad de cambiar absolutamente nada y sin cumplir ningún requisito. Date cuenta de que el merecimiento y el valor de cada persona es algo innato que no depende de nada.

Entonces, está claro que el mayor desafío es asumir que somos válidos ya, en este mismo segundo. Si reconoces tu propio valor por ser tú, sabiendo que eres importante por el simple hecho de respirar, irás caminando por la vida más ligero de equipaje y construyendo una autoestima fuerte e incondicional hacia ti mismo.

Esta propuesta sobre la valía personal ha sido inspirada por el libro Los dones de la imperfección, de Brené Brown.

5 - Carta para los días lluviosos

En este ejercicio me gustaría trabajar contigo el sentimiento de capacidad. Es probable que haya momentos donde nuestra autoestima se resienta, o incluso disminuya, haciéndonos pensar que no podemos o que no valemos. Justo por ello, vamos a utilizar este ejercicio de *cartas para los días lluviosos*. Si tú te sientes capaz, no importa lo que suceda a tu alrededor, porque tendrás la certeza interna de que puedes afrontarlo.

Crear las bases de una fortaleza interior nos va a ayudar a mejorar nuestra capacidad de afrontamiento, a mejorar nuestra autoestima y a generar confianza.

Esta propuesta de escritura terapéutica se enfoca en trabajar con los días buenos y malos. Seguro que sabes identificar esos «buenos días» donde te sientes capaz, reflejas una mirada optimista y tienes fe en la vida. Y seguro que también puedes identificar esos «malos días» donde no quieres salir de la cama, prefieres olvidarte de todo y no tienes ganas de nada.

Imagínate que tu buen día se puede utilizar como el combustible necesario para esos malos días. ¿Cómo vamos a hacerlo? Escribiéndote una carta en ese buen día para que la puedas leer cuando tengas un mal día. Se trata de que tus palabras sean el paraguas, las botas de agua y el chubasquero para esos malos días.

Tanto el escribir nuestra carta o cartas para los malos días como el leerlas, nos va a permitir ampliar nuestra visión, mejorar el bienestar, fomentar el autocuidado, recuperar el poder interior y aumentar la motivación.

¡ESCRIBE TU CARTA!

En tu «día bueno», escríbete una carta a ti mismo expresándote apoyo, amabilidad y compresión para poder leerla y darte fuerza en el «día malo».

En la carta incluiremos lo que nos ayude a sentirnos mejor en esos momentos. Por ejemplo:

- Lo que nos ayudó en el pasado.
- Cosas que nos hacen sentir bien.
- Nuestros logros y triunfos.
- Lo que no debemos hacer en ese «mal día».
- Recordar las fortalezas y recursos personales.
- Cosas que nos inspiran y motivan.
- Situaciones, vivencias y reflexiones que nos hacen vivir con optimismo.
- Nuestros proyectos y metas.

La carta para los días lluviosos es como un tesoro que siempre vas a tener a tu disposición. Puedes ir un paso más allá y escribirte varias cartas en diferentes días buenos. De esta manera, tendrás la posibilidad de escoger la carta que más se adapte a tu momento vital.

También podemos crear nuestro cofre de cartas. Cada carta será una moneda de oro. Es tu riqueza. Siempre que leas una carta, podrás recordar tu riqueza interior.

Es importante tener tus cartas en un lugar seguro y disponible para ti. Cuando tengas un mal día, tómate el tiempo necesario para respirar y leer la carta que te has escrito. Verás cómo recuperas tu capacidad de afrontamiento, mejoras tu autoestima y tu estado de ánimo se transforma.

6 - Dialogar con el cuerpo

Es esencial sentirnos bien en nuestra propia piel. Nuestro cuerpo es el vehículo de contacto con el mundo y las personas, además de ser el espacio donde nuestras emociones se expresan.

La propuesta es dialogar con tu cuerpo. Lleva la atención a aquellas partes donde sientas tensión, dolor, rechazo o malestar que, por lo general, pasan desapercibidos.

Solemos vivir en la mente sin prestar atención al cuerpo. Lo sometemos a tensiones, juicios y agresiones. Dicho de otra manera, no lo cuidamos. Lo sometemos a ayunos, lo dejamos sin dormir, lo llevamos hasta el cansancio extremo. Y lo peor es que muchas veces no nos damos ni cuenta.

Este ejercicio está inspirado en una de las propuestas del libro *Practicando la escritura terapéutica: 79 ejercicios,* de Reyes Adorna Castro.

Ten presente, sobre todo si eres mujer, cómo gran parte de nuestra autoestima tiene que ver con el cuerpo. Vivimos en una lucha constante, sin escucharlo. Por eso este ejercicio es un excelente recurso para entrar en contacto con él.

Toma contacto con tu cuerpo. Si es necesario, cierra los ojos:

- ¿Dónde sientes la tensión?

- ¿Hombros, cabeza, estómago, piernas…?

- ¿Qué partes de tu cuerpo rechazas?

- ¿Dónde sientes el dolor concretamente?

Permite que cada parte se exprese. De esta manera, comenzamos a reconciliarnos con aquellas partes que no nos gustan o nos duelen, para empezar a aceptarlas.

La idea es que selecciones e identifiques esa parte del cuerpo que lleva tiempo doliéndote, que no está sana o que rechazas activamente —incluso odias—. Vas a entrar en contacto para escucharla y comunicarte con ella.

Ahora es el momento de dialogar con el cuerpo. Escucha lo que tiene que decirte. Una vez seleccionada la parte con la que quieres trabajar, utiliza las siguientes preguntas para ayudarte a comenzar tu diálogo con esa parte:

- ¿Cómo se siente?

- ¿Cómo le gustaría ser tratada?

- ¿Qué puedes hacer para que se sienta mejor?

- ¿Qué es lo que más le conviene con respecto a la salud?

- ¿Desde cuándo llevas rechazándola? o ¿desde cuándo te duele?

- ¿Qué es lo que más necesita?

- ¿Por qué cree que la rechazas? o ¿por qué siente dolor?

- ¿Cómo se sentiría si la aceptaras?

La idea es que esa parte de tu cuerpo hable. Seguramente sea la primera vez que tiene la oportunidad de hacerlo. Permite que se exprese a través de la escritura y que responda a tus preguntas. Identifica, contacta, siente y acepta cada parte de tu cuerpo.

¡ADELANTE CON TU DIÁLOGO!

Comienza la reconciliación con aquellas partes que no te gustan, te duelen o rechazas. Es momento para la aceptación, la comprensión y la libertad.

La recomendación principal de este ejercicio es utilizarlo siempre que lo necesites e ir trabajando las distintas partes de tu cuerpo con la finalidad de aumentar tu autoestima, reconciliarte con tu entidad como ser humano y aceptar la belleza en la imperfección, además de cuestionar tus propias creencias sobre el ideal de belleza que nos inculcan.

7 - Enfrentándose al miedo

Tener una imagen positiva de uno mismo nos va a ayudar a mejorar nuestra autoestima. Uno de los componentes principales para crear esta imagen positiva es experimentar situaciones de logro y triunfos cotidianos. Y qué mejor manera de hacerlo que a través de enfrentarse a los miedos.

En demasiadas ocasiones, cuando tenemos una autoestima baja, nuestra imagen personal está centrada en los fracasos y en lo que no hemos logrado. Vamos a dar la vuelta a esto con el siguiente ejercicio.

Está estudiado que enfrentar nuestros miedos nos va a permitir mejorar la autoestima y confianza en nosotros mismos. Además de obtener una experiencia de éxito personal.

Comienza eligiendo 3 situaciones que llevas tiempo posponiendo enfrentar porque despiertan en ti dudas, miedos y temores. Ve trabajando con cada una de ellas a través del siguiente registro de tu experiencia:

1. *Expresión*. Describe la situación al detalle. Escribe sobre el miedo que hay detrás. Expresa todos los pensamientos y creencias que tienes acerca de esta situación.

   a. ¿Por qué llevas tanto tiempo evitándola?

   b. ¿Qué es lo peor que puede pasar?

2. ***Exposición***. Una vez la tengas escrita, enfréntate al miedo. Exponte a la situación temida. Aprovecha para observarte.

   a. ¿Qué sucede dentro de ti?

   b. ¿Qué emociones experimentas?

   c. ¿Qué pensamientos aparecen?

3. ***Experiencia***. Después de haberte enfrentado a la situación, escribe sobre tu experiencia.

   a. ¿Qué te ha ayudado a hacerlo?

   b. ¿Cómo fue la experiencia?

   c. ¿Qué habilidades utilizaste que desconocías?

   d. ¿Qué has aprendido de ti?

   e. ¿Qué emociones y pensamientos aparecieron?

   f. ¿Pasó algo catastrófico?

¡ADELANTE, VENCE TUS MIEDOS!

Una vez hayas trabajado con las 3 situaciones que elegiste, puedes hacer una lista con tus miedos e ir poco a poco enfrentándote a ellos. La idea es que confecciones tu cuaderno para registrar tu experiencia con el miedo. Será el lugar donde podrás darte cuenta de que eres capaz de superar tus temores para construir una imagen positiva de ti mismo.

Es importante entender que el miedo es como un fantasma sin forma que, al evitarlo, se hace cada vez más grande y con ello va dinamitando nuestra confianza interior. Por eso es necesario observar nuestros temores diarios, darles forma sobre el papel y escribir nuestra experiencia. Así nos daremos cuenta de cómo nuestro sentimiento de autoconfianza va aumentando con cada miedo enfrentado.

64

8 - Conectando con tu infancia

Gran parte de nuestra autoestima y de la imagen que tenemos de nosotros mismos se construye en la infancia. Experiencias de abuso, maltrato, abandono, exclusión, rechazo, negligencia… Todas ellas contribuyen a generar una baja autoestima junto a sentimientos profundos de desvalorización.

Es necesario echar un vistazo al momento donde se creó nuestra autoestima. De esta manera podremos ir sanando nuestra herida de desvaloración. Ahora, desde nuestra mirada adulta, podemos elaborar lo que vivimos y darle un nuevo significado que nos permita sentirnos libres.

Te voy a proponer una serie de preguntas para conectar con tu infancia. Antes cierra los ojos, ponte cómodo, realiza unas respiraciones profundas y conecta con tu yo de la infancia que sigue viviendo en ti.

El siguiente ejercicio está inspirado en una de las propuestas del libro *Aumente su autoestima,* del doctor Lair Ribeiro. Lectura totalmente recomendada.

Es el momento de reflexionar y responder a las preguntas. *¡ADELANTE!*

1. ¿Cuáles fueron las personas o personajes que más impacto e influencia tuvieron en tu infancia? Toma en consideración: padres, abuelos, profesores, hermanos, amigos, deportistas, artistas, escritores, personajes de ficción, protagonistas de cuentos, superhéroes…

2. Una vez tengas tu lista de las personas o personajes que te influyeron, escribe: ¿por qué lo hicieron?

3. En nuestra infancia, muy probablemente hicimos cosas que no queríamos hacer para agradar y ser aceptados. Anota todo aquello que hiciste cuando eras niño —con 5 años, 7 años, 9 años u 11 años— y que sabes que no deseabas hacer.

4. Ahora que observas todo lo que hiciste que no querías. ¿Qué piensas? ¿Qué sientes? ¿Te juzgas severamente? ¿Te perdonas?

5. ¿Qué opinión tenía tu madre de ti? ¿Qué opinión tenía tu padre de ti? Recuerda que estás en un espacio íntimo y seguro contigo mismo. Por favor, sé honesto.

6. Reflexiona sobre esas opiniones familiares. ¿Es lo que piensas ahora de ti? ¿Sigues actuando bajo esas opiniones para agradarles? ¿Cómo te hacían sentir esas opiniones? ¿Son verdad?

7. ¿Cuáles eran los reproches y demandas que te hacían tus padres cuando tenías 5 años, 7 años u 11 años? Se trata de que visualices a tu niño en diferentes momentos y recuerdes los reproches, demandas y exigencias de tus padres o personas con las que te criaste.

8. Reflexiona sobre esas demandas, reproches y exigencias. ¿Cómo te hacen sentir? ¿Siguen estando en la actualidad? ¿Ahora eres tú quien te las haces?

9. ¿Cuáles eran las críticas y demandas que hacías mentalmente a tus padres?

10. Reflexiona sobre esas críticas y demandas. ¿Cómo reaccionaban tus padres? ¿Cómo te sentías? ¿Sigues demandándoles lo mismo en la actualidad? ¿Podrías darte a ti mismo lo que demandas y criticas?

11. ¿Qué valoraban tus padres de ti cuando eras niño? ¿Qué destacaban tus padres de ti en aquella época?

12. Reflexiona sobre aquellos aspectos y cualidades que señalaban tus padres en ti. ¿Cómo te sentías cuando te valoraban? ¿Qué cualidades sientes que tienes que no vieron o no valoraron?

13. ¿Qué valorabas de tus padres?

14. Reflexiona sobre aquellos aspectos que valorabas en tus padres. ¿Les has dicho alguna vez lo que valoras de ellos?

Aquí tienes este ejercicio que te va a ayudar a entender cómo se creó tu autoestima. También te va a permitir cuestionar y liberarte de aquellos discursos familiares que no eran ciertos o eran demasiado exigentes.

Ve respondiendo a cada pregunta, date tiempo para reflexionar. Es posible que afloren emociones y sentimientos, escríbelos. También es un ejercicio muy interesante para realizar una relectura e ir haciendo anotaciones.

Es muy importante crear una mirada adulta e incondicional hacia nosotros mismos. De esta manera, iremos construyendo una verdadera autoestima a través de lo que realmente somos en la actualidad. Incluye en tu mirada compasión y perdón.

9 - Las llaves de la autoestima

Toda llave abre puertas, en este caso, queremos que nuestras llaves abran puertas internas para mejorar nuestra autoestima. ¿Cómo vamos a hacerlo? A través de frases iniciales que hemos de completar. Estas frases las denomino «llaves».

A continuación encontrarás varios ejemplos de frases llave. Coge una de ellas, anótala y comienza tu escritura. La llave te va a ayudar a bucear dentro de ti mismo y rescatar partes de ti en las que no habías pensado antes de escribir.

Muchas veces, cuando tenemos una hoja en blanco, no sabemos por dónde comenzar. Tener una frase llave nos guiará en una dirección.

Te sugiero escribir de una manera libre y continua. Sin pensarlo mucho. Utilizando un cronómetro para crear una sesión de escritura de 10 minutos. Lo principal es que te dejes llevar. No pasa nada si repites la misma frase porque no sabes qué poner, tú sigue escribiendo.

¡ADELANTE CON TU LLAVE!

Aquí tienes algunas propuestas. También te animo a que crees las tuyas:

- Me siento orgulloso de mí mismo por…

- La vida me ha enseñado…

- La mejor parte de mi día es…

- Lo que puedo hacer para sentirme mejor…

- El verdadero valor de mi infancia...

- Realmente me impresiona de mí...

- Amo...

- Soy suficientemente bueno...

- Cuando era pequeño hacía muy bien...

- Lo que puedo hacer para marcar la diferencia en el mundo es...

- Me gustaría contar mi historia...

- Me gustaría olvidar para siempre...

- Mis habilidades son...

- Lo que mejor sé hacer...

- De mis padres aprendí...

- Mis abuelos me enseñaron...

- Confío...

- Voy a contar un cuento...

- Lo que me ayuda a levantarme cada día...

Siempre que sientas que tu estado de ánimo flaquea, o que necesitas expresarte, este ejercicio es una excelente manera para potenciar tus recursos internos, rescatar la valía personal y conectar con la confianza.

Puedes plantearte una sesión de escritura eligiendo varias llaves. No te preocupes si suena el cronómetro y quieres seguir escribiendo. Simplemente hazlo.

¡ABRE TUS PUERTAS!

10 - Palabras apasionadas

Es el momento de observar las palabras que utilizamos en el día a día. Si tuvieras que observar tus pensamientos y el lenguaje que utilizas contigo mismo, dirías que este te fortalece o que te debilita. Es muy importante darnos cuenta de cómo nos hablamos a nosotros mismos y, al mismo tiempo, de cómo definimos el mundo que vemos.

¿Alguna vez has pensado en tener un discurso interior diferente? ¿En alguna ocasión has pensado cambiar las palabras que utilizas?

El ejercicio que te propongo tiene dos partes. La primera de ellas es que cojas una libreta y, durante unos días, seas investigador de ti mismo. Anota las palabras que más utilizas a lo largo del día. Además, observa qué palabras has utilizado cada vez que sientes malestar.

¿Ya tienes tu lista de palabras? Las palabras son el espejo de tu lenguaje cotidiano. Ahora es el momento de reflexionar un poco:

- ¿Qué has descubierto?

- ¿Tu lenguaje contribuye a mejorar tu autoestima?

- ¿Cuáles son las palabras que más utilizas?

La segunda parte del ejercicio es escribir una lista de 50 palabras que te encanten. Dicho de otra manera, 50 palabras que, cuando las escuchas, tu cuerpo reacciona inmediatamente. Haz una búsqueda de esas palabras que te llenan de fuerza, energía positiva, ganas de actuar, esperanza, motivación, inspiración… Seguro que ya te vienen algunas a la mente y que fortalecen tu autoestima.

Lee tu lista de palabras apasionadas y selecciona 10 de ellas. Tómate unos minutos. Ahora que tienes tus 10 palabras, vamos a incluirlas en tu lenguaje cotidiano.

¡ADELANTE!

Incluye en tu día a día las palabras que cambian positivamente la fisiología de tu cuerpo. Recuerda tener un compromiso a la vez que incluyes este nuevo vocabulario. Plantéate si puedes comer sano, por ejemplo, y eliminar de tu vida aquellas palabras que te dañan.

Haz este ejercicio fácil, puedes ir poco a poco incluyendo tus 10 palabras. La clave es que te des cuenta de cómo el lenguaje que utilizas contigo mismo debilita o fortalece tu autoestima. *¡Tú decides!*

Las palabras que utilizamos y el lenguaje que empleamos determinan cómo nos sentimos con respecto a nosotros mismos. Muchas veces sabemos que nuestra autoestima se resiente, pero no sabemos bien por qué. Aquí tienes una posible respuesta: el lenguaje que utilizas cada día te debilita y te hace sentir cada vez más pequeño. Es el momento de dirigir tu mente hacia un lenguaje que favorezca tu autoestima, tu motivación y tu bienestar.

XI

Gestión de emociones

¿Cuántas veces nos sentimos desbordados por nuestras emociones? Aprender a gestionar las emociones es una habilidad fundamental que nos permitirá mantener el equilibrio y la armonía interior.

Pensamos que somos víctimas de las emociones y que no podemos hacer nada cuando aparecen. No es verdad. Podemos aprender a lograr un equilibrio emocional que nos ayude a ser más felices, creativos y productivos.

Cuando encontramos la calma interior, somos capaces de lograr nuestras metas y objetivos. La gestión emocional, junto con la autoestima, es la base para crear la vida que queremos.

Aparte de saber que la gestión de las emociones nos ayuda a vivir en equilibrio, también hemos de saber qué nos permitirá tener y mantener relaciones sanas con los demás y con nosotros mismos.

Al hablar de las emociones destacamos al psicólogo Paul Ekman, quien dedicó gran parte de su vida al estudio de las mismas. Ekman decía que la cuestión no era vivir sin emociones, ya que no podemos, sino cómo vivir mejor con ellas.

¿Qué es una emoción? Es una reacción psicofisiológica ante un estímulo externo —algo que veo, u oigo— o interno —pensamiento, recuerdo, imagen interna—. Emoción viene del latín *emovere,* que significa mover hacia o desde. Las emociones son transitorias, biológicas e impulsan a la acción.

Para Ekman existen seis emociones básicas: alegría, tristeza, ira, sorpresa, miedo y asco. A través de sus estudios, demostró que las emociones son universales y se reflejan de forma similar en cualquier cultura y raza.

Ahora es el turno de preguntarnos: ¿qué es un sentimiento? Es la evaluación consciente y la interpretación subjetiva que hacemos de una reacción emocional. El sentimiento es la suma de emoción más pensamiento.

Al tener un sentimiento, ocurre que a la reacción fisiológica se le une un componente cognitivo y subjetivo. Otra característica de los sentimientos es que tienden a ser duraderos. Estos son algunos ejemplos: amor, celos, sufrimiento, venganza, gratitud, impaciencia, optimismo, admiración, envidia…

En el libro *El error de Descartes,* de Antonio Damasio, encontramos la diferencia entre emoción y sentimiento:

«Cuando experimentas una emoción, por ejemplo la emoción de miedo, hay un estímulo que tiene la capacidad de desencadenar una reacción automática. Y esta reacción, por supuesto, empieza en el cerebro, pero luego pasa a reflejarse

en el cuerpo, ya sea en el cuerpo real o en nuestra simulación interna del cuerpo. Y entonces tenemos la posibilidad de proyectar esa reacción concreta con varias ideas que se relacionan con esas reacciones y con el objeto que ha causado la reacción. Cuando percibimos todo eso es cuando tenemos un sentimiento.»

Una vez hemos comprendido qué es una emoción y qué es un sentimiento, estamos preparados para empezar. A continuación, se muestran 10 ejercicios de escritura terapéutica para gestionar tus emociones de manera inteligente y conquistar el equilibrio interior.

¡VAMOS!

1 - El miedo más profundo

Dentro de la gestión de nuestras emociones está aprender a controlar el miedo. No se trata de eliminarlo, sino de reducir su influencia y de poder utilizarlo como aliado.

Hemos de diferenciar entre el miedo como parte de la vida —siempre habrá situaciones que nos den miedo y tengamos que llenarnos de coraje para enfrentarlas— y el miedo excesivo, que acaba transformándose en ansiedad.

¿Cuántos miedos sin forma tenemos en nuestra mente? ¿Cuántas cosas evitamos hacer por miedo? El miedo puede convertirse en un virus que va contaminando nuestra existencia.

Una de las mejores formas de enfrentarse al miedo es afrontándolo. Y eso quiero que hagamos en este ejercicio. Piensa en tu temor más profundo; en un miedo que realmente te aterroriza. Antes de empezar a escribir, observa dónde se encuentra el miedo en el cuerpo, observa la respuesta física del miedo en la fisiología de tu cuerpo. ¿En qué parte se manifiesta? ¿Estómago? ¿Espalda? ¿Pelo?...

Este ejercicio te permite racionalizar el miedo, darle forma para poder analizarlo, resentirlo, gestionarlo y observarlo.

Siéntate a escribir, no te detengas, vence todas tus resistencias y describe tu miedo más profundo al detalle. Expresa y escribe eso tan terrible que te asusta tanto.

¡ESCRIBE!

Una vez hayas finalizado tu escritura, respira profundamente y, si es necesario, llora. Vuelve a respirar y lee lo que has escrito.

Es importante que este ejercicio nos permita tomar el control de nuestro miedo para poder mantenerlo a raya. Muchas veces el miedo es solo miedo, es una emoción que deriva de nuestra pérdida de control. Has de aceptar que hay cosas que no puedes controlar y que no sabes qué pasará en el futuro. Así que, un primer paso para dominar tu miedo es aceptar aquello que no puedes controlar.

Un apunte muy interesante es darnos cuenta de que detrás de todo gran deseo hay un miedo excesivo o ansiedad por saber si se cumplirá o no, si lo lograrás o no. Si permites que el miedo tome el control de tu vida, puede pasarte que dejes de hacer cosas y cumplir sueños por el temor al fracaso, al ridículo, al rechazo…

Es necesario aprender a gestionar nuestro miedo como una emoción que nos permite estar alerta y nos señala los desafíos a los que enfrentarnos. No permitas que este sentimiento te paralice o te incapacite para vivir la vida que deseas.

Utiliza este ejercicio para enfrentarte a tus miedos. Los miedos cambian y se transforman a lo largo de nuestra vida. Por eso es importante darles forma en el papel y escribir sobre ellos.

Recuerda que un primer paso para mantener al miedo a raya es aceptar que hay cosas que no podemos controlar ni tampoco cambiar. Y, adicionalmente, descubrirte que desapegarnos de los resultados suele ser más inteligente que vivir angustiados por si lo lograremos o no. Céntrate en lo que puedes hacer ahora, en lo que está en tus manos.

HELENA ECHEVERRÍA MARTÍNEZ

2 - Creando un diario personal

Una excelente manera de gestionar nuestras emociones es a través de la creación de un diario personal. Se trata de una herramienta de autoexploración que nos permite sumergirnos en lo que pensamos, sentimos y hacemos. Dicho de otra manera, tu diario personal te ayudará a poner las cosas en su lugar, a conectar con tu interior y a gestionar tus sentimientos y emociones.

¿Cómo vives el día a día? Es muy probable que pasen las jornadas y vivamos en piloto automático. A veces incluso secuestrados por nuestro pasado o por un posible futuro imaginario. Hacemos cosas sin pensar. Reaccionamos cuando algo no nos gusta y sentimos que no tenemos tiempo para nada. Justo por ello, hoy mismo debes empezar a tener tu propio diario personal.

Conforme vayas escribiendo sobre tu día a día podrás ir observado lo que sucede en tu vida. Ampliarás tu perspectiva, tomarás conciencia, gestionarás emociones, relativizarás situaciones y así podrás prestar atención a lo importante: los cambios positivos que deseas. Puedes observar tu manera de pensar, tus patrones de pensamiento, tus creencias limitantes, tus repeticiones, tus deseos, tus reacciones ante determinadas situaciones, tus reflexiones, tus proyectos...

Aquí abajo te doy algunas recomendaciones prácticas para crear tu diario personal:

- Elige una libreta que te guste, que te sientas cómodo con ella. También selecciona diferentes bolígrafos de colores para escribir.

- Escribe cada noche antes de irte a dormir. Suele ser el mejor momento del día para hacerlo. Ten tu libreta en la mesilla junto con tus bolígrafos. Elige el color que te apetezca y escribe sobre tu día.

- Cuando escribas puedes preguntarte: ¿qué ha sucedido en el día de hoy?, ¿cómo me he sentido?, ¿qué me ha dolido?, ¿cuándo ha sido el mejor momento?, ¿algo me ha hecho pensar?, ¿qué me preocupa?, ¿qué pienso acerca de…?

- Si has vivido una situación difícil, es un buen momento para expresarla en el papel. De igual forma podrás hacerlo si hay un tema en particular sobre el que quieras pensar.

- Escribe de una manera continua, sin detenerte. Puedes fijar un tiempo con una pequeña alarma o escribir hasta donde tú quieras. Se trata de que te sientas cómodo.

- Puedes incluir en tu libreta los sueños nocturnos, si te acuerdas de ellos, como un complemento a tu diario.

- No prestes atención a la puntación, a la ortografía ni a la gramática. No son importantes.

Así que, manos a la obra. *¡CREA TU DIARIO!*

Utiliza tu diario cada día como una herramienta para gestionar tus emociones, conectar con tus sentimientos y tomar conciencia de lo que verdaderamente quieres hacer. Verás la transformación que sucede en tu vida.

¡ADELANTE!

3 - Cambia tus preguntas

¿Sabías que las preguntas que nos hacemos pueden ayudarnos a sentirnos bien o, por el contrario, pueden llenarnos de angustia? Para gestionar tus emociones de manera efectiva es necesario cambiar las preguntas automáticas que te haces cuando sucede algo inesperado o algo que no te gusta.

Cuántas veces, ante algo inesperado, nos desbordamos emocionalmente. Nos posee el miedo, la duda o la confusión, y entramos en un discurso victimista. Culpamos a las circunstancias o a las demás personas. Como te imaginarás, esto no contribuye a nuestro equilibro interior.

En primer lugar, has de darte cuenta de las preguntas que te repites en las situaciones inesperadas o que no suceden como quieres. Aquí tienes algunos ejemplos:

- ¿Por qué me sucede esto a mí?

- ¿Qué he hecho yo para merecer esto?

- ¿Qué culpa tengo yo…?

- ¿Cómo se atreve «fulanito» a…?

- ¿Esto es todo culpa de…?

Seguro que te reconoces en algunas de estas preguntas, además de tener las tuyas propias, por supuesto. Esto nos lleva a pensar en términos de culpable – víctima. Pero existen otras preguntas más interesantes que podemos incorporar para gestionar nuestras emociones de manera positiva:

- ¿Qué me está mostrando esta situación?

- ¿Puedo probar a ponerme en los zapatos de la otra persona?

- ¿Qué habilidad o capacidad puedo poner en práctica?

- ¿Qué es lo más sabio que puedo hacer aquí?

- ¿Cuáles son mis prioridades?

- ¿Mis acciones y pensamientos son coherentes con mis prioridades?

- ¿Qué puedo aprender de esta situación?

- ¿Qué otras opciones tengo?

- ¿Qué es lo que realmente pienso y siento?

- ¿En qué quiero tener razón?

- ¿Puedo ver la situación de otra manera?

- ¿Qué es lo que verdaderamente me incomoda?

- ¿Puedo encontrar una manera de aceptar lo que estoy viviendo?

- ¿Qué conjeturas e interpretaciones estoy haciendo?

- ¿Cuáles son las creencias que tengo acerca de lo que sucede?

Ahora puedes darte cuenta de que las preguntas que te haces tienen el potencial de transformar tu realidad. Es el momento de plantearte el ejercicio.

- A lo largo del día vivimos situaciones inesperadas o que no nos gustan. Selecciona una de ellas y coge tu libreta. Escribe sobre la situación inesperada que te genera malestar o incomodad.

- Observa cómo tu mente te lleva a hacerte preguntas en términos víctima – culpable.

- Una vez tengas escrita la situación, elige 5 de las preguntas positivas que te he planteado y respóndelas sobre el papel.

El hecho de abrir tu mente a nuevas preguntas también lo hace a nuevas posibilidades. Utiliza este ejercicio en cualquier situación. Crea el hábito de cambiar tus preguntas. Puedes también tener estas preguntas positivas en tu bolsillo, para utilizarlas como recurso mental siempre que lo necesites. Verás cómo gestionarás tus emociones de una manera más inteligente y práctica.

4 - El peor escenario posible

Cuántas veces, por miedo a que suceda algo, por miedo a que se haga realidad ese escenario que tanto tememos, nos paralizamos, huimos y dejamos de vivir la vida que deseamos. Lo peor de todo es que nunca sucede el escenario que imaginamos.

Una de las cosas de la que debemos darnos cuenta es que el ser humano es incapaz de predecir lo que va a pasar. Haz el siguiente experimento: cuando te levantes por la mañana, escribe 10 cosas que creas que van a pasar a largo del día, y repasa tu lista por la noche. Si es necesario, hazlo durante una semana. Ahora te pregunto: ¿cuál es tu nivel de acierto? Seguramente sea muy bajo o nulo. ¡No me creas! Haz el ejercicio.

Nuestra capacidad de acertar lo que va a pasar es nula y lo hemos comprobado. Entonces, ¿por qué seguimos creyéndonos cuando nos imaginamos el peor escenario posible en nuestra vida?

Piensa por un momento todos los escenarios que has creado en tu imaginación y que te han quitado el sueño por las noches. ¿Cuántos han sucedido? La mejor manera de desmontar nuestros escenarios temidos es a través de la escritura.

¿Cuál es el peor escenario posible? ¿Qué es lo peor que puede pasar? ¿Cuál es el futuro temido?

Piensa una cosa: lo peor no es el escenario, sino la duda que tienes acerca de ti mismo, de si serás o no capaz de soportarlo y afrontarlo. Es ese miedo a no ser capaces el que limita y condiciona nuestras emociones. Si te sintieras capaz, si supieras que dentro de ti cuentas con los recursos necesarios de afrontamiento, ¿sería tan terrible ese escenario?

Plantéate siempre centrarte en tus recursos, en fortalecer tu autoestima y en conocerte en lugar de focalizarte en el escenario temido.

La propuesta de escritura es la siguiente:

Imagínate al detalle y describe el peor escenario posible. Lo peor que puede pasar en tu vida. Eso a lo que tienes tanto miedo, eso que te quita el sueño. Escribe sin detenerte y de forma continua sobre tu escenario.

Damos forma en el papel a ese fantasma que deambulaba por la mente. Una vez lo hagamos, podremos observar ese escenario cara a cara y preguntarnos: ¿es tan terrible?, ¿es verdad que no podría afrontarlo?

El objetivo de este ejercicio es perder el miedo a los fantasmas de tu mente en forma de escenarios temidos. Utiliza este ejercicio con cada situación para liberar tus emociones. Cuando escribes sobre el peor escenario posible te das cuenta de que no es tan grave y que probablemente puedas superarlo.

Cuando estés delante de un objetivo, decisión o meta, hazte las siguientes preguntas:

- ¿Qué es lo peor que podría ocurrir si alcanzo mi meta?

- ¿Qué es lo peor que podría ocurrir si no alcanzo mi meta?

- ¿Qué es lo peor que podría ocurrir mientras alcanzo mi meta?

Estas preguntas serían una propuesta complementaria de escritura a este ejercicio del peor escenario posible.

5 - Las cuatro preguntas

Cuando trabajamos con nuestras emociones, es necesario tener un concepto fundamental claro: los pensamientos generan emociones y sentimientos. Siempre nos enfocamos en lo que sentimos sin darnos cuenta de que, previamente, un pensamiento desencadenó la emoción.

Una vez dicho lo anterior, antes de la realización del ejercicio, sería muy valioso que incorporaras a tu día a día la práctica de observar tu mente. De esta manera podremos ir detectando esos pensamientos automáticos y esas creencias limitantes que bloquean nuestro equilibrio emocional.

Cuando algo te moleste, te frustre o te estrese, detente por un momento y «escucha» los pensamientos en tu mente. Al principio puede llevar tiempo observarlos con claridad pero, a medida que vayas fijando tu atención, podrás detectarlos en el momento que surgen.

Hemos de ir perdiendo el miedo a nuestros pensamientos, además de desafiarlos y cuestionarlos. En muchas ocasiones, el mayor problema es que creemos que nuestros pensamientos son verdad, pero no es así.

Te doy algunos ejemplos de pensamientos automáticos que están condicionando tus emociones:

- No tengo nunca éxito en lo que hago.

- Soy completamente inútil.

- Voy a estar solo durante toda mi vida.

- Sin un trabajo no puedo vivir.

- Nunca voy a lograr lo que quiero.

- Si no pierdo peso, nadie me va a querer.

- No soy capaz de mantener una relación.

- No soy una persona inteligente.

- Si siento rabia, soy mala persona.

Te animo a que crees tu propia lista de pensamientos negativos. Haz una lista con los 10 pensamientos automáticos que más malestar te producen. Date cuenta de que todo pensamiento va unido a una interpretación o juicio que le hemos dado. Por ejemplo, si me genera angustia el pensamiento «voy a estar sola toda la vida» es por mi propio juicio y mi valoración de la soledad.

¿Ya tienes tu lista? Es el momento de hacer el ejercicio. Selecciona un pensamiento negativo o creencia limitante de tu lista. Una vez lo tengas, vamos a desafiarlo y cuestionarlo a través de las siguientes 4 preguntas:

1. ¿Tengo absoluta certeza de que es verdad? Si tuvieras que probar su veracidad delante de un juez, ¿qué pruebas utilizarías?

2. ¿Cómo reacciono cuando tengo el pensamiento? Tómate unos segundos y siente cómo te encuentras con ese pensamiento en tu mente. Al sentirlo, ¿cómo actúas, reaccionas y vives?

3. Imagínate que te levantas por la mañana y no tienes ese pensamiento. ¿Cómo me sentiría sin él? Siente y visualiza cómo es levantarte sin ese pensamiento. ¿Cómo sabrías que esa idea ya no forma parte de tu

mente? ¿Qué harías ese día? ¿Cómo te relacionarías contigo mismo y con las demás personas?

4. ¿Podría ser falso el pensamiento? Busca 5 situaciones de tu vida con las que puedas verificar que es falso. Nuevamente estás delante del juez y tienes que probar que tu pensamiento es falso.

Estas 4 preguntas están inspiradas en la metodología de *The Work* de Byron Katie. Te sugiero la lectura de sus libros.

Abre tu libreta, escribe cada pregunta y responde. Este ejercicio lo puedes realizar con los 10 pensamientos de tu lista. Utilízalo siempre que lo necesites para identificar y desafiar tus pensamientos negativos.

Si adquieres el hábito de observar tu mente podrás ir poco a poco desidentificándote de tu corriente de pensamientos y sintiéndote libre de su condicionamiento. Así que entrena tu mente y utiliza estas preguntas.

Date cuenta de la liberación que sientes cuando te preguntas cómo sería tu vida sin ese pensamiento. Es tu pensamiento el que bloquea tu experiencia de bienestar emocional. Si puedes imaginarte sin él, también puedes quitarlo de tu día a día.

Recuerda que muchas veces vivimos creyéndonos pensamientos e identificándonos con ellos, pero lo peor de todo es considerar que no podemos cambiarlos.

Imagínate que tu pensamiento limitante es «yo no cuido las relaciones» y, cuando escribes la cuarta pregunta, te das cuenta de que no es verdad, porque encuentras multitud de pruebas que atestiguan que sí cuidas las relaciones.

¡DESAFÍA TUS PENSAMIENTOS!

6 - Escribiendo con mandalas

En este ejercicio vamos a utilizar los mandalas como una herramienta de sanación interior que nos va a ayudar a gestionar nuestras emociones.

Te cuento un poco sobre ellos. Mandala significa «círculo» en sánscrito. También esta palabra tiene distintas denominaciones como rueda, totalidad o círculo sagrado. Es un símbolo de orden, integración y estructura, como también de paz, balance y sanación.

El primero en traer el término «mandala» a occidente fue el médico psiquiatra Carl G. Jung. Para él representaba el mundo y la totalidad de la mente, incluyendo su parte consciente e inconsciente.

Para Jung, la elaboración de mandalas era una herramienta eficaz para alcanzar la unidad y la integración del yo. De manera que permite a la persona llevar a cabo una conciliación de sus esferas consciente e inconsciente, ya que el simbolismo es uno de los mecanismos del inconsciente para manifestarse.

La unificación de la parte consciente e inconsciente garantiza el desarrollo del proceso de individuación, implicando así el equilibrio y la armonía para la psique y la búsqueda de la autorrealización.

Interesante, ¿verdad?

La siguiente propuesta es una combinación de mandala y escritura:

1. Realiza este ejercicio cuando sientas tristeza, miedo, angustia, desesperanza, nerviosismo, estrés u otro sentimiento.

2. Escribe durante unos minutos cómo te sientes; desahógate en el papel.

3. Busca un mandala que te guste o atraiga. Seguramente será el perfecto para trabajar con tu estado de ánimo en ese momento.

4. Colorea el mandala. Utiliza los colores de forma instintiva, sin pensarlo mucho, para beneficiarte de sus propiedades curativas.

5. Escribe cómo te sientes después de colorear y observar el mandala.

¡ADELANTE!

Existen muchos cuadernos de mandalas y puedes utilizar diferentes materiales para pintarlos. El objetivo es utilizar esta herramienta para gestionar las emociones y permitir que se produzca la transformación interior. No se trata de algo mágico, sino de utilizar el simbolismo del círculo en nuestra mente para integrar nuestra parte consciente e inconsciente.

La idea fundamental es crear un espacio de sanación a través del color y la escritura. Hazlo de manera habitual para tener la experiencia de cómo el mandala te ayuda en tu día a día.

Como apunte, decirte que el mandala se encuentra dentro de las terapias del arte y se define como una herramienta de meditación y relajación. Es decir, la puedes utilizar de diferentes maneras.

7 - Fotografías para la relajación

Trabajar con imágenes va a ayudar a nuestra mente a relajarse. Muchas veces el alimento que damos a nuestra mente es tóxico. Piensa por un momento:

- ¿Qué imágenes aparecen en tu mente?

- ¿Qué pensamientos nutren tu mente?

- ¿Qué información das a tu mente cada día?

- ¿Tu mente está centrada en problemas o en soluciones?

Con las preguntas anteriores, te invito a que te plantees cómo alimentas y nutres tu mente. La mente es el motor para generar los cambios en tu vida. Y, para generar cambios, es necesario gestionar positivamente las emociones.

Busca 10 imágenes que te inviten a la relajación, la calma, la paz interior, la armonía… Así empezamos a darle otro alimento mucho más nutritivo a la mente.

Como vivimos en la era digital, puedes tener esas imágenes en una pantalla para poder sumergirte en ellas. Asegúrate de que tengan una buena resolución.

Realiza sin prisa la búsqueda de imágenes. Ten presente que el objetivo es tu bienestar emocional y tu relajación. Una vez tengas localizadas tus 10 imágenes, selecciona 3 de ellas.

¿Las tienes?

Vamos a ir trabajando con cada una de ellas. Elige la primera y sitúala en la pantalla. Cuanto más grande, mejor.

Obsérvala durante unos minutos. Asegúrate de eliminar toda distracción y de crear un espacio seguro para ti.

La idea es sumergirte en las imágenes que te generan relajación y hacer una pequeña meditación con ellas. Simplemente se trata de respirar y estar en el momento presente con la atención sobre la fotografía. Si tu mente se distrae, vuelve amablemente a llevar tu atención a la imagen.

- ¿Qué pensamientos llegan a tu mente?

- ¿Qué sensaciones observas en ti?

- ¿Identificas alguna resistencia interior?

El siguiente paso es elegir una palabra que defina la imagen. Ten esta palabra en tu mente para asociarla a la imagen. De esta manera unimos la fuerza del lenguaje y la imagen.

¡AHORA ES EL MOMENTO DE ESCRIBIR!

Permite que esa imagen cobre forma en el papel, descríbela al detalle.

- ¿Por qué la has elegido?

- ¿Qué te hace sentir?

- ¿Qué pensamientos asocias a ella?

- ¿Qué sientes al observarla?

- ¿Por qué esa palabra la define?

- ¿Podría la imagen acompañarte en el día a día?

- ¿Qué te invita a sentir, pensar y hacer?

Una vez termines tu escritura, realiza el mismo proceso con las otras dos imágenes. Contarás con un alimento nutritivo para relajar tu mente.

Te resumo los pasos del ejercicio:

1. Buscar 10 imágenes relajantes y seleccionar tres.

2. Observar una de ellas, creando un espacio de relajación.

3. Elegir una palabra que la represente.

4. Escribir sobre la imagen.

Ten presentes las imágenes cada día y asócialas a las palabras que elegiste. Si entrenas tu mente en esta dirección, al poner esas palabras e imágenes en la mente, tus emociones tenderán al equilibrio y aprenderás a relajarte con ellas.

¡PRACTICA!

8 - Descarga mental

Muchas veces, nuestra mente sufre una sobrecarga de tareas, preocupaciones y asuntos pendientes, llegando al punto de bloquearse. Es necesario organizar nuestra mente, es decir, poner un poco de orden en nuestras habitaciones interiores.

¿Cuántas veces nos quita el sueño todo lo que tenemos pendiente? ¿Cuántas veces pensamos que no tenemos tiempo para nada? ¿Cuántas veces perdemos el tiempo porque nos bloquea lo que tenemos que hacer? Para solucionar esto, vamos a utilizar el siguiente ejercicio de escritura terapéutica y así lograr descargar nuestra mente.

Seguro que más de una vez tu móvil u ordenador te ha avisado de que su memoria está llena. Si queremos que sigan funcionando correctamente, hemos de vaciar la memoria, ¿no? Debemos mirar aquellos archivos o aplicaciones que podemos borrar, organizar las carpetas, eliminar fotos que no recodábamos que teníamos…

…Y esto mismo vamos a hacer con nuestra mente: ¡vaciarla! para que siga funcionando correctamente.

Respira, siéntate, coge tu libreta u hoja en blanco y vacía tu mente sobre el papel.

Escribe todo aquello que tengas que hacer, todas las preocupaciones, todas las tareas pendientes y aquellas cosas que debes llevar a cabo durante la semana. *¡VACÍATE!*

Un buen momento del día para hacer nuestra descarga mental es antes de dormir, con ello conseguiremos dejar las preocupaciones y los asuntos pendientes en la mesilla.

También puedes hacer esta descarga de la mente siempre que lo necesites.

Una vez hemos vaciado la mente, podemos empezar a procesar y organizar lo escrito. Es importante entender que parte del desbordamiento que tenemos es porque no sabemos organizar nuestro tiempo. Organizar tu tiempo es fundamental para gestionar tus emociones.

Cuando tengas hecha tu descarga mental sobre el papel, y hayas vaciado tu mente, entonces podrás empezar a organizarte mejor:

- ¿Qué es lo que puedo hacer esta semana?
- ¿Qué es lo que puedo delegar?
- ¿Qué es lo que puedo eliminar?
- ¿Qué soluciones puedo dar a mis preocupaciones?

Te voy a dar dos sugerencias que complementan este ejercicio:

- Antes de ir a dormir, también puedes crear tu lista de lo que tienes que hacer al día siguiente. De esta manera tomamos el control de nuestro tiempo y nos damos cuenta de que es suficiente. La falta de tiempo es una excusa para no mirar dentro de nosotros y así no enfrentarnos a nuestra vida.

- Cada domingo, siéntate con una buena taza de café o té para descargar tu mente y organizar tu semana. No esperes a sentirte desbordado. Cuando sobre el papel tenemos un mapa de lo que llena nuestra mente, podemos procesar, gestionar y eliminar lo que sobra.

Por lo general, vivimos diciendo que no tenemos tiempo mientras lo perdemos haciendo cosas que no nos traerán ningún beneficio interno ni rentabilidad.

9 – Liberándonos de la culpa

Coincidirás conmigo en que la culpa es uno de los sentimientos que más sufrimiento nos generan. Y lo peor de todo es que creemos que debemos cargar con ella para siempre.

Te propongo un ejercicio de escritura terapéutica para trabajar con la culpa. Quiero que pienses en todo aquello que te hace sentir culpable. Muy probablemente detrás de cada malestar en tu vida haya culpa.

Ten presente que, para trabajar con nuestros sentimientos de culpa, primeramente hemos de ser conscientes de que existen para poder sacarlos después a la luz.

La culpa está en todos nosotros y, si conectamos realmente con ella, tendremos una larga lista de motivos. No olvides que la culpa que sientes no es «real», sino que se trata de una interpretación de ti mismo, de los demás y de la realidad.

Piensa en qué situaciones te sientes culpable. Cada vez que sientas en ti una punzada de incomodidad pregúntate: ¿de qué me siento culpable aquí?

Las interpretaciones que hacemos con la culpa están polarizadas y, muchas veces, aparece porque no somos capaces de cumplir un ideal marcado. Además, debemos tener en cuenta que, muy probablemente, hemos sido educados desde la culpa para así obedecer los mandatos familiares.

Es el momento de que cojas lápiz y papel, y escribas tu lista de culpabilidad. Puedes comenzar de la siguiente manera:

- Me siento culpable por…

- Me siento culpable cuando…

El objetivo no es entrar en un debate sobre la culpa y sus raíces, sino que te detengas a tomar conciencia de tu sentimiento de culpabilidad y crees tu propia lista.

Te sugiero observarte durante varios días para escribir tu lista lo más completa posible. De esta manera, podrás identificar el sentimiento de culpa en diferentes situaciones, relaciones y experiencias.

¡ADELANTE CON TU LISTA!

Una vez tengas la lista, coge una hoja en blanco y dibújate. Sí, sí, dibújate. No necesitas saber dibujar ni nada, solo quiero que te pintes en el centro del folio. ¿Lo tienes? Ahora, alrededor del dibujo de ti mismo, escribe cada elemento de tu lista. Si es posible, haciendo forma de círculo. Rellena el vacío en blanco de la hoja con todo aquello que te hace sentir culpable.

Ahora traza una línea o cadena que vaya desde cada frase de culpa al dibujo de ti mismo. De esta manera, te verás atado y atrapado en tu sentimiento de culpa.

El sentimiento de culpa es una prisión. Muchas veces queremos ir hacia delante, hacer cambios en nuestra vida o cumplir un sueño. Pero algo nos frena y no sabemos qué es.

Ahora ya puedes ver dibujado lo que te bloquea para expresarte libremente.

Antes de intentar hacer cambios en tu vida, empieza a cortar tus cadenas y a liberarte de la culpa. Verás que después es mucho más fácil transformarte.

Quizás te estés preguntando: ¿cómo puedo romper con la culpa? Lo vamos a hacer a través de la siguiente lista. Escribe un listado de las cosas que harías si no te sintieras culpable:

- Si no me sintiera culpable haría…
- Si no me sintiera culpable dejaría de…
- Si no me sintiera culpable le diría a…
- Si no me sintiera culpable me permitiría…

Concédele a tu ser la posibilidad de expresarse y deja que salga sobre el papel todo tu potencial. Que se muestre esa parte interna que está deseando no sentirse culpable para poder ser libre.

Cuando dejamos de sentirnos culpables, empezamos a otorgarnos el permiso de vivir a nuestra manera. En definitiva, de ser libres.

Para esta segunda lista, te sugiero también dedicarle unos días para incluir todo lo que harías, dejarías de hacer, dirías o te permitirías.

¿Te das cuenta del poder de este ejercicio? Vamos con algunos ejemplos:

- Me siento culpable por no ir a ver a un familiar. Detrás de esto está mi juicio de que es terrible no hacerlo y de que soy mala persona. Esa es mi interpretación, pero no se trata de la realidad. Si yo me quedo encadenada a esta culpa, cada vez que vaya a ver a esta persona me sentiré tensa, nerviosa, irascible, a la defensiva... En cambio, si dejo de sentirme culpable por no ir, me doy permiso para tener la libertad de ser yo siempre que vuelva a verle. De esta manera, nuestra relación será más nutritiva y positiva.

- Me siento culpable por no ganar más dinero. Al acarrear con la culpa, dejo de dar valor a lo que tengo y empiezo a considerarme como una persona incapaz. ¿Qué es lo que sucede con esto?, pues que me hallo prisionera de la interpretación de mi realidad y no me doy cuenta de las oportunidades que la vida me da. Sin embargo, si me libero de la culpa aceptando mi circunstancia actual, suelto la tensión y rompo con mi creencia de que no soy capaz y, por lo tanto, podré tomar acción libremente.

- Me siento tremendamente culpable cuando me tomo un tiempo para mí misma. Lo cierto es que siempre que me lo doy, al final termino discutiendo y angustiándome. Dentro de mí está la interpretación de que tener un espacio para mí es egoísta y negativo. Si me permito liberarme de esta culpa, lograré relajarme y seré capaz de concederme ese espacio en paz.

Espero que estos ejemplos te sean útiles. Comienza a escribir tus listas.

10 - Alimentando tu vida interior

Cuando hablamos de gestionar emociones también hemos de incluir la creación de nuestro espacio de sanación y equilibrio interior. Justo de esto va la siguiente propuesta. Darnos un espacio requiere hacernos dueños de nuestro tiempo.

Me he dado cuenta de que la gente más estresada, la que no tiene tiempo para disminuir su ritmo diario y dedicarse unos minutos al día a sí mismos, justamente es la que invierte más tiempo y dinero en mantener a raya su tensión interna.

Cada uno de nosotros convivimos con la llamada sutil, pero insistente, de nuestra vida interior. Algunas de sus necesidades instintivas son: crear, aprender, disfrutar, comprender, apreciar, emprender, descansar, dar, amar, vivir, ser libre, expresarse y aportar su propia contribución. La cuestión fundamental es: qué prioridad estás dando a este llamado interno.

La propuesta es abrir un espacio emocionalmente libre de obligaciones y permitirnos sentir, pensar, soñar y descubrir. Incorpora a tu vida el placer, la diversión, la relajación, el descanso, la reflexión y el arte. Haz que tu vida tenga un espacio creativo y sanador.

Confecciona y escribe una lista con todo lo que te genere disfrute, relajación, descanso, diversión, arte y placer. Pregúntate:

- ¿Que alimenta mi vida?

- ¿Qué me nutre?

- ¿Qué me llena de fuerza e inspiración?

- ¿Qué me emociona?

¡ADELANTE CON TU LISTA!

Una vez tengas la lista hecha, es el momento de incluir los elementos de la misma en el día a día. Elige una manera sencilla de hacerlo. Puede ser una vez a la semana, dos veces a la semana o simplemente dedicarte unos minutos al día. Se trata de tener siempre presente tu lista. Habrá semanas que te apetezca alimentar tu vida interior de una manera y otras veces de otra. Siéntete libre de hacerlo.

Interrógate si es necesario, investiga tu pasado para encontrar tu vida interior. Anota tus formas y actividades preferidas de arte, relajación, diversión, descanso, placer y reflexión. Puedes incluir aquí: música, pintura, juegos, deportes, conversaciones inspiradoras, escritura, fotografía, cantar, lectura, caminar, manualidades o simplemente tumbarte.

Si consideramos que la creatividad, la relajación, el placer, el descanso, la diversión y la reflexión son un lujo, o algo que podemos hacer solo cuando disponemos de tiempo libre, jamás podremos cultivar nuestra vida interior. Has de reservar tiempo cada semana. Cuando tu vida interior se convierte en una prioridad, todo funciona mejor.

La idea es sencilla: salir de tus rutinas mentales y condicionamientos para desconectar de tu voz crítica y repetitiva, y volver a cultivar tu territorio interior. Así podrás proporcionarte una vida más creativa, aportarte más calma y acceder a tu corazón.

Plantéatelo como una medicina interna.

Levanta tu mirada del sufrimiento y de la dificultad, y contempla la vida. Entrégate cada semana a ese espacio interno donde está tu bienestar. Comienza a tener presente tu lista para gestionar positivamente tus emociones.

XII

Logro de metas y objetivos

Trabajar en nuestras metas, e ir en la dirección de la vida que queremos, parece algo que no es para nosotros. De hecho, cuando preguntas a alguien sobre el tema, se queda en blanco. No sabe cuáles son sus metas ni sus objetivos.

Antes de empezar a cumplir nuestras metas hemos de derribar las resistencias internas que tenemos a nuestra autorrealización. Por eso, trabajar en nuestra valía personal, como hemos hecho anteriormente, será muy útil para sentirnos capaces de lograr nuestros objetivos.

Las metas son tuyas. Son personales e intransferibles. Muchas veces tomamos metas prestadas o queremos alcanzar aquello que nos han enseñado que debemos desear.

Las metas y objetivos no son algo para otras personas o para gurús del coaching, sino que son para ti. Lo principal para hacer el camino más sencillo es alinear nuestras metas a nuestra sabiduría interior y construir una mentalidad que nos ayude en su materialización.

Para trabajar con tus metas, primero has de reconocerlas y, segundo, has de darte permiso para soñar. Muchas veces nos rendimos antes de empezar. Observa la realización de tus sueños como el camino para desarrollar tu máximo potencial. No se trata tanto de tener como de ser.

Recuerda que las metas pueden ser externas o internas. Cuando pensamos en metas, nos enfocamos en lograr objetivos y resultados externos. Pero son igual de importantes las metas internas como la felicidad, la paz interior, la salud...

El mapa que he creado con estos 10 ejercicios es para que seas explorador de ti mismo y para que vayas encontrando los diamantes que serán tus metas y sueños. Con cada ejercicio tendrás más claridad y una mayor conexión con lo que realmente quieres crear en tu vida.

De verdad date la oportunidad de recorrer este camino conmigo.

1 - La resistencia a cumplir metas

Lo primero que hemos de hacer para lograr nuestras metas es observar cuáles son nuestras resistencias. Es sorprendente cómo un sueño que deseamos nos genera frustración e incomodidad.

Quiero que te enfrentes al reto de escribir tu lista de sueños, metas y objetivos. Pero, para permitimos fluir en nuestras metas, hemos de ser libres mentalmente. ¿Por qué digo esto?, porque es desalentador ver cómo la gente ha perdido u olvidado su capacidad de pensar y soñar a lo grande.

Cuando empiezas a pensar sobre tus metas y sueños, las resistencias aparecerán en tu mente diciéndote:

- Eso es imposible.

- Qué tontería de sueño.

- No tienes dinero.

- ¿Para qué lo vas a intentar?

- Ya eres mayor.

- Qué ingenuo eres.

- ¿Para qué te vas a complicar?

- No lo vas a lograr.

Seguro que reconoces algunas, ¿verdad? Además de estas que te muestro, deberás tener las tuyas personales.

Vamos a profundizar en tus sueños y metas. Haz una lista con 10 sueños y metas describiendo al detalle cada uno de ellos. Te sugiero escribir de manera continua, sin filtros y rápido para evitar que aparezca la voz limitante.

Una vez tengas tu lista, léela en voz alta. Observa cómo te sientes con cada meta y los pensamientos que vienen con cada una de ellas. Puedes anotarlos al lado con bolígrafo rojo.

Tienes una lista con 10 metas y sueños descritos al detalle donde te has permitido pensar en grande y donde tienes también anotados los pensamientos limitantes. Mi recomendación es que trabajes con estos pensamientos a través de los ejercicios que hemos visto anteriormente.

Ahora te propongo un experimento. Hay algo que nos limita enormemente a la hora de conectar con nuestras metas: el dinero. Esta propuesta no va de tener o no capacidad económica, sino de la libertad de poder escribir nuestros sueños. Para inspirarnos y conectar mejor con nuestro interior, haz una segunda lista aplicando la siguiente instrucción:

Imagínate que tienes solucionada la parte económica. No tienes que preocuparte por el dinero. Entonces, ¿cuáles serían tus 10 metas?

Verás lo diferente que será para ti escribir esta lista. Ten presente también describir al detalle cada sueño o meta. Una vez tengas hecha tu lista, léela en voz alta. ¿Qué sientes?

Cuando tengas las dos listas confeccionadas, es el momento de hacer balance y reflexionar sobre cuáles son verdaderamente tus metas.

2 - Diálogos con el yo interior

Este ejercicio de escritura terapéutica está diseñado para ayudarnos a lograr lo que deseamos en nuestra vida. ¿Cómo lo vamos a hacer?, dialogando con nuestra fuente de sabiduría interior.

Para crear nuestros diálogos internos hemos de ser creativos para extraer todo el jugo a nuestra mente. Vamos a crear diálogos y a mantener conversaciones sobre el papel con una persona que nos inspira y que ha logrado lo que deseamos. De esta persona nos puede inspirar su manera de ser, lo que enseña, su mensaje, su forma de vivir… ¿Cuál es la finalidad de estas conversaciones escritas?, simplemente generar nuevas soluciones, conectar con puntos de vista alternativos y sentirnos motivados para la transformación.

Observa en qué momento estás de tu vida. Pregúntate qué tema te gustaría resolver o aquello que deseas lograr. Una vez tengas seleccionado el tema, busca una persona que admires y te inspire. Una persona que sabes perfectamente que podría aconsejarte sobre el tema, ayudarte a lograr tus metas y acompañarte para solucionar tu dificultad.

Se trata de crear diálogo y mantener una conversación sobe el papel con la persona a la que admiramos. Por ejemplo: Buda, Bill Gates, Jesús, Wayne Dyer, Mohamed Ali… Seguro que ya tienes en tu mente escritores, empresarios, líderes, cantantes o deportistas. Por supuesto, también pueden ser tus abuelos, otros familiares o amigos. No hay límites para tu diálogo con tu yo interior. Podemos crear nuestro diálogo con quien queramos.

Algunas recomendaciones para escribir nuestros diálogos:

- Visualiza el escenario donde vas a tener la conversación. Puede ser una cafetería, una puesta de sol, un salón, un despacho, una cueva…

- Visualiza a la persona o interlocutor, es decir, imagina sus rasgos físicos, su personalidad, su carácter, sus emociones, sus pensamientos…

- Haz preguntas abiertas y respuestas breves —esto es opcional—.

- Permite que la conversación fluya. Una vez que termines, puedes repasar lo escrito. Anota los puntos importantes y valiosos.

Aquí tienes varios ejemplos, presta atención:

- Imagínate que quieres crear un nuevo negocio digital y te sientes atascado, no sabes qué dirección tomar. Has leído docenas de libros y cursos, pero ahí sigues, parado. Te voy a dar la solución: visualiza a aquella persona emprendedora que tiene éxito en los negocios digitales. Cuéntale tu historia, pregúntale cómo solucionar las cosas, pídele orientación y empieza a crear tu diálogo sobre el papel. Te vas a sorprender, te lo aseguro.

- Imagínate que no sabes si seguir o no adelante con tu matrimonio. De hecho, llevas tiempo sufriendo y con miedo. Ahora es el momento de visualizar a esa persona que para ti es un modelo inspirador por cómo gestiona sus relaciones y vive su vida.

Pregúntale y pídele ayuda. Haz que en el papel te dé las respuestas que necesitas.

- Imagínate que desde niño has querido ser escritor. Eres de esas personas que devoras los libros de tus escritores favoritos. ¿Por qué no preguntarles cómo lo lograron? ¿Cómo superaron las adversidades? ¿Qué es lo que hicieron?

- Imagínate que has tomado la decisión de vivir una vida plena y satisfactoria. Seguro que ya conoces a aquella persona que ha llegado donde tú quieres estar. Así que, en este instante puedes preguntarle a través de tu diálogo sobre el papel: ¿cómo ha logrado ser feliz?, ¿qué ha tenido que hacer?, ¿qué hábitos tiene?

Pregúntate cuáles son los referentes en tu vida, a qué personas admiras. A través de ellas vamos a permitir que nuestra sabiduría interior se active ofreciéndonos diálogos y respuestas reveladoras. *¡LAS RESPUESTAS ESTÁN DENTRO DE TI!*

3 - El cuaderno de metas

¿Has pensado tener tu propio cuaderno de metas? Esta propuesta trata de la creación de un cuaderno personal. Muchas veces tenemos ideas, objetivos y proyectos que no materializamos por la sencilla razón de que no los escribimos. No nos tomamos el tiempo de apuntarlos y analizar cómo lograrlos.

Busca un cuaderno o libreta que te inspire. A poder ser, que sea grueso y con tapas duras. Ten presente que va a ser un cuaderno que va a formar parte esencial de tu vida.

Algo que debes tener en cuenta es que, cuando hablamos de metas, es importante entender que debemos poner en marcha el arte de pensar y planificar. Toda meta siempre está en constante evolución y transformación. Así que permite esos cambios que surgirán de manera natural conforme vayas adelante con cada objetivo.

La idea central es dividir nuestro cuaderno en diferentes apartados. Puedes hacerlo con colores y separadores. Las áreas de tu cuaderno de metas pueden ser las siguientes:

Proyectos:

En este apartado incluiremos todos los proyectos que queremos llevar a cabo. Ahí los describiremos. El hecho de que cada proyecto coja forma sobre el papel nos puede ayudar enormemente. Una vez tengas descrito cada proyecto, te sugiero pensar en los pasos que necesitas dar para llevarlo adelante. Puedes escribir los pasos en forma de lista. También puedes crear otra lista con los obstáculos que te puedas encontrar y cómo derribarlos.

Cuando hablamos de proyectos, estos pueden ser de todo tipo, no solo laborales. También pueden englobar el preparar un viaje, decorar una habitación, crear un nuevo taller, organizar una cena, hacer un máster, escribir un libro... Todo aquello que quieras hacer en los próximos meses y años.

Es interesante tener un calendario donde anotar la fecha límite para la culminación del proyecto.

Ideas:

Este apartado es una lluvia de ideas. Un espacio para la creación de algo nuevo que quieras hacer o desarrollar. Será un espacio borrador para dejar a la mente tomar formas diferentes. Es una ventana abierta a las posibilidades.

Muchas de las ideas que volquemos sobre el papel pueden desembocar en proyectos, en mejorar partes de nuestra vida o simplemente en sentirnos libres para crear, sin ningún objetivo concreto.

A veces tenemos ideas en la cabeza de algo a desarrollar, pero no las escribimos. O nos aparecen nuevas ideas o soluciones mientras caminamos o nos duchamos, pero tampoco las apuntamos. En este apartado podrás hacerlo. Es el momento de trazar tus ideas, diseñarlas, dibujarlas y pensarlas.

Planificación:

Este apartado es para la organización de tu día a día. Cuando queremos trabajar en nuestras metas, tenemos que empezar a enfocarnos en lo importante, desprendernos de lo innecesario y crear hábitos que nos impulsen a lograrlas.

No se trata tanto de la meta, sino de crear un espacio saludable y positivo para que la meta pueda germinar. Ponemos la semilla en la tierra, pero si no la cuidamos, no la regamos ni alimentamos, nuestro sueño muere. El alimento y nutrición de nuestra meta es el enfoque, el compromiso, la organización diaria y los hábitos.

Organiza cada semana, planifica tu tiempo. Utiliza este como tu aliado para crear nuevos hábitos, para tener espacios de descanso y desconexión, y para anotar las tareas que vas a llevar a cabo cada día para finalizar tus proyectos en las fechas elegidas.

También es importante incluir en este apartado nuestros gastos e ingresos. Es algo que nos puede resultar incómodo, pero es necesario. Poner nuestra economía en el papel, para luego trazar estrategias con el objetivo de mejorarla.

Tareas pendientes:

Cuántas cosas sabemos que tenemos pendientes, pero no hacemos. Muchas veces son sencillas y no requieren casi tiempo. Piensa por un momento el gasto de energía que haces cada vez que recuerdas tus tareas pendientes.

En este apartado vas a hacer una descarga mental sobre el papel. Apunta todas las tareas pendientes. No te dejes ninguna. Una vez que tengas hecha la lista, te darás cuenta de que algunas las puedes descartar y otras las puedes liquidar en pocos minutos. El objetivo es hacer tu lista cada semana —también puede ser cada día— y tachar de ella todas las tareas pendientes. Recuerda que tenemos que contribuir en la dirección de nuestras metas y sueños.

Cuántas veces, al tener tareas pendientes, nos bloqueamos y nos quedamos sin hacer nada. Haz tu lista. La puedes hacer por la mañana o por la noche. Si hay alguna tarea que te es difícil, enfócate en cómo resolverla o delegarla en otra persona.

Sueños:

Este apartado es una invitación a pensar en grande y a la vez en pequeño. ¿Qué cosas deseas hacer? Puede ser algo tan sencillo como apuntarte a clases de acuarela o algo grande como tener una casa en el campo.

Esta sección es tu universo de sueños. Escríbelos, no te dejes ninguno. ¿Qué llevas tiempo queriendo hacer y no haces? ¿Qué te gustaría comprarte? ¿Qué te gustaría regalar? ¿Cómo te gustaría vivir? ¿Dónde te gustaría vivir? ¿Qué quieres crear? ¿Qué es lo que más disfrutas haciendo?...

Quizás sea la primera vez que materialices tus sueños en el papel. Puedes incluir alguna fotografía si quieres.

Por ejemplo, un sueño puede ser cambiarte de casa, tener una asociación para ayudar a las personas o crear una exposición. A la vez, también hemos de incluir los sueños cotidianos que hacen nuestra vida más feliz y sencilla como escapadas al mar, aprender de un tema que nos apasiona, tener nuestro propio huerto, adoptar una mascota…

No hay límites para crear este apartado de sueños.

Los apartados o áreas anteriores son una recomendación, puedes modificarlas y agregar otras nuevas. El objetivo principal es empezar a sumergirte en el mundo de las metas y sueños.

Una idea para terminar, es posible que no tengamos nuestro cuaderno siempre a mano y tengamos la necesidad de apuntar cosas. Para ello, lleva siempre contigo una pequeña libreta donde anotarlo todo y después dale forma en tu cuaderno de metas.

4 - 100 cosas que hacer antes de morir

Perdemos el tiempo cada día en multitud de cosas que para nada nos ayudan a lograr la vida que queremos. Es el momento de plantarnos delante del espejo de la vida, reconocer que somos humanos y que, por tanto, moriremos. Siento ser sincera, pero es así.

Seguro que conoces personas que han estado a punto de morir y esta experiencia las ha llevado a dar un giro por completo a su vida. Se enfocan en aquello que les hace felices y todo lo demás les importa poco.

La experta en cuidados paliativos y enfermos terminales, Bronnie Ware, recopiló en un libro la lista de los 5 principales arrepentimientos que tiene la gente antes de morir. A continuación te lo comparto para hacerte reflexionar:

1. Ojalá hubiera tenido el coraje de hacer lo que realmente quería hacer y no lo que los otros esperaban que hiciera.

2. Ojalá no hubiera trabajado tanto.

3. Hubiera deseado tener el coraje de expresar lo que realmente sentía.

4. Habría querido volver a tener contacto con mis amigos.

5. Me hubiera gustado ser más feliz.

Revelador, ¿verdad?

Las confesiones que compartieron las personas con Bronnie W are le ayudaron a ella a hacer grandes cambios en su vida y a entender que la vida está pasando hoy y que, ahora, es el momento de vivirla.

Como ya estás familiarizado con escribir listas, vamos a crear nuestra propia lista de 100 cosas que hacer antes de morir. Es un reto sentarnos delante del papel y escribir, pero también puede ser transformador y liberador.

Piensa que tener esta lista presente te va a alinear con tus metas y sueños, además de ser un gran recurso para tu cuaderno de metas.

¡ADELANTE CON TU LISTA!

Una vez tengas la lista hecha, léela en voz alta y hazte estas preguntas:

- ¿Cuál de los puntos de mi lista me ha gustado más?

- ¿Cuáles me han llamado más la atención?

- ¿Cuáles puedo empezar a hacer esta semana?

El objetivo principal es que contactes con la vida en este momento presente. Con tu respiración ahora y, después, con el coraje necesario para vivir la vida que deseas.

5 - La imagen mental

Utilizar imágenes es una manera efectiva de ayudar a nuestra mente a trabajar a nuestro favor. Además, sabemos que nuestro cerebro funciona en imágenes. Aprovechemos esta cualidad, ¿no crees?

Espero que con los ejercicios anteriores ya tengas claros alguna de tus metas y sueños o por lo menos que estés construyendo un espacio interior para poder ir hacia la creación de la vida que deseas.

¿Cuál es tu principal meta? ¿Cuál es tu principal sueño? Es importante que cuando los selecciones, el simple hecho de tenerlos en la mente genere una sonrisa en tu rostro.

Es posible que aparezcan algunas resistencias. Recuerda trabajarlas con el ejercicio: *las resistencias a cumplir metas.*

Esta propuesta está dividida en varias partes:

- *Visualización:* muchas veces tenemos un sueño, pero no nos paramos a visualizarlo en nuestra mente. Así que el primer paso es tomar unas respiraciones profundas, cerrar los ojos, relajar el cuerpo e imaginar nuestro sueño. Visualízate a ti mismo viviendo, sintiendo y experimentando tu sueño.

- *Escritura:* busca un lugar tranquilo, un espacio sin interrupciones para poder escribir tu sueño. Descríbelo al detalle. Dale forma en el papel, siéntelo a través de los sentidos, además de incluirte a ti mismo con tu sueño cumplido. ¿Cómo te sientes? ¿Dónde estás? ¿Qué haces? ¿Quién te acompaña?

- **_Selección de imagen:_** tómate el tiempo ahora de buscar una imagen que represente tu sueño. Una imagen que, al mirarla, tu cuerpo reaccione sabiendo que vives tu sueño. ¿Dónde buscar la imagen? Navegando por internet. Además, los más seguro es que cuando tengas delante la imagen algo en ti dirá «es esta».

- **_Imagen:_** ponla delante de ti. Puedes tenerla en la pantalla de tu ordenador o televisión. Siéntate en una postura cómoda y sumérgete en ella. Te sugiero crear un ambiente agradable con música suave para conectar con ella. Fúndete con tu sueño en forma de imagen.

Aquí tienes las 4 partes del ejercicio. Una vez lo tengas hecho, vamos a crear un espacio semanal a compartir con nuestro sueño. Los sueños hay que tenerlos presentes como fuente de inspiración. Para ello, reserva un tiempo a la semana donde puedas sentarte tranquilamente y hacer lo siguiente:

- Cerrar los ojos y respirar 5 veces de forma profunda, y practicar la visualización del sueño.

- Abrir los ojos después de la visualización y leer en voz alta lo que hemos escrito de nuestro sueño.

- Si aparecen resistencias, las anotamos e identificamos para trabajar con ellas después.

- Por último, observar la imagen que representa el sueño y meditar con ella.

Estos pasos simplemente son ideas para crear tu práctica semanal de conectar con tu sueño. Con este trabajo poco a poco estarás más cerca de tu sueño. Por un lado, identificarás las resistencias mentales para poder eliminarlas y, por otro lado, te llenarás de fuerza y confianza para la realización de tu sueño.

6 - Carta del futuro

Ahora que estamos trabajando en lograr nuestras metas, es muy posible que aparezca una voz crítica que nos diga: «¿Para qué lo vas a intentar?, pero ¿quién te crees que eres?» La propuesta de este ejercicio de escritura terapéutica es silenciar esa voz y conectar con aquella parte de nosotros mismos donde se encuentra todo nuestro potencial.

De manera automática, solemos dar prioridad a la voz del miedo, de la dificultad y de la desconfianza. Piensa dónde pones la atención a lo largo del día: en las metas o en los obstáculos; en los problemas o en las soluciones.

Quiero que te imagines el siguiente escenario:

Imagínate que abres el buzón de tu casa y tienes una carta de tu yo futuro. De tu yo de dentro de 10 años. En ella te cuenta al detalle lo que hizo para lograr sus metas y tener una vida abundante y feliz. En esta carta nos cuenta los pasos que siguió para cumplir sus metas; lo que hizo para hacer realidad sus sueños; qué personas le ayudaron; qué recursos internos utilizó; qué obstáculos eliminó de su vida; qué oportunidades aprovechó y qué pensamientos tuvo presentes para seguir adelante.

Para facilitar la escritura, acompáñate de imágenes. Visualízate a ti mismo dentro de 10 años escribiéndote esa carta. ¿Dónde te encuentras? ¿Cómo te sientes? ¿Cómo es tu imagen personal?

Como siempre te digo, recuerda sentarte en un lugar tranquilo, sin distracciones y donde puedas tener tu sesión de escritura. Se trata de que prestes tus manos a tu yo del futuro para que pueda escribirte la carta.

Puedes variar esta propuesta de carta a través de diferentes periodos de tiempo. Tu yo del futuro puede escribirte con 5 años más, con 20 años más, con 2 años más, con 3 años más…

Este ejercicio de escritura terapéutica está diseñado para ayudarte a conectar con tu sabiduría interior, con tu creatividad, con las infinitas posibilidades, pero, sobre todo, para abrir la ventana de las oportunidades que tienes en tus manos.

Dentro de cada uno de nosotros tenemos una parte intuitiva y llena de sabiduría que solemos ignorar sistemáticamente, pero con este ejercicio queremos que se siente con nosotros y nos cuente.

Fíjate en las posibilidades de este ejercicio. Puedes utilizarlo para una meta concreta o sueño. Por ejemplo, tu yo del futuro ha logrado la casa de sus sueños, tu yo del futuro ha conseguido el éxito financiero, tu yo del futuro viaja varias veces al año, tu yo del futuro ha conquistado la felicidad, tu yo del futuro ha logrado la estabilidad interior…

Para que te hagas una idea del potencial de este ejercicio, te pongo los siguientes ejemplos:

- Desde siempre has tenido un sueño, de hecho, llevas años trabajando para cumplirlo. Pero, no hay manera, te sientes atascado y desilusionado y lo peor es que empiezas a creer que no es posible. Es el momento de conectar con tu sabiduría interior para ampliar tu visión y lograr tu sueño. Para ello utilizas este ejercicio de escritura terapéutica. Respiras profundamente y permites a tu yo del futuro —de dentro de 5 años— que te cuente cómo ha logrado cumplir el sueño.

- Piensas que tiene que ser posible vivir sin tanto sufrimiento y tener una vida llena de cosas buenas. Acabas de ir a una conferencia donde te han mostrado cómo otras personas han conquistado su felicidad y su paz interior. Decides que no quieres perder más el tiempo, coges tu cuaderno de anillas y te pones a escribir. Manos a la obra, conectas con tu yo del futuro de dentro de 10 años para que te escriba contándote cómo logró la felicidad y vivir al lado de la playa.

Por un instante suspende tu juicio interior y crea un espacio para la introspección.

¡ADELANTE, ESCRIBE LA CARTA!

7 - Las listas del futuro

¿Estás preparado para volver a conectar con tu yo del futuro? Espero que sí. A través de las listas que nos escribirá nuestro yo del futuro, podremos tener un recorrido completo y detallado de todos los cambios, transformaciones y acciones que realizó para lograr sus metas y tener la vida que deseamos.

Este ejercicio tiene el objetivo de concretar la información escrita en nuestra carta desde el futuro a través de la creación de listas.

Nuevamente vamos a permitir que nuestra parte sabia e intuitiva se exprese. Nuestro yo del futuro de dentro de 10 años ha logrado sus metas, tener la vida que desea, el éxito en sus proyectos y alcanzar sus sueños.

La idea principal es la siguiente: tu yo del futuro se vuelve a poner en contacto contigo, ahora te facilita listas donde te relata, al detalle, qué hizo para lograr sus metas y salir adelante:

- 10 acciones esenciales que realizó para lograr sus metas.

- 10 acciones que realizó para encontrar el trabajo de sus sueños.

- 10 acciones que hizo para tener éxito financiero.

- 10 pasos que dio para emprender su negocio con éxito.

- 10 hábitos que puso en práctica para sentirse en paz y plenitud.

- 10 cualidades y recursos internos que utilizó para solucionar dificultades.

- 10 hábitos positivos que adquirió para ser feliz.

- 10 recursos que utilizó para tener la casa de sus sueños.

- 10 pensamientos que le ayudaron a tener confianza en sí mismo.

- 10 hábitos negativos que eliminó de su vida.

- 10 afirmaciones que le motivaron a no rendirse.

Recuerda que puedes variar la franja de tiempo. Además, ten presente visualizar a tu yo del futuro escribiéndote las listas.

Es un ejercicio que lo puedes realizar en varias sesiones de escritura. También puedes elegir las listas que más te gusten. Pero te animo a que las escribas todas.

Una vez tengas las listas y tu carta desde el futuro, es el momento de trabajar la relectura para tomar conciencia de todas las potencialidades que tienes para lograr tus metas y sueños. Empieza a aplicar en tu vida lo que te ha enseñado tu sabiduría interior o tu yo del futuro.

Es posible que te cueste escribir estas listas. No estamos acostumbrados a pensar de manera concreta y enfocada. Puede ser suficiente tener anotados en cada lista 3 o 5 elementos. Sé flexible.

Nuevamente te digo: «date tiempo para escribir». Se trata de un experimento para conectar con todos los recursos que tienes dentro de ti.

¡TÚ PUEDES!

8 - El reto de 7 días

Si hablamos de metas y objetivos es inevitable aprovechar los recursos que nos ofrece la disciplina del coaching. Por eso vamos a utilizar la herramienta de preguntas poderosas.

Es el momento de hacer magia a través de las preguntas. Quiero proponerte un reto de 7 días donde cada día vas a responder a 7 preguntas. ¿Te apuntas?

Cuando trabajamos con metas, necesitamos crear una brújula dentro de nosotros mismos para saber qué rumbo tomar y cambiar de dirección si fuera necesario. La premisa fundamental es la siguiente: cuanto más te conozcas, más identificarás tus metas y sueños.

Toda meta o sueño están alineados a quien tú eres. Así que vamos a conocernos enfocándonos en nuestros objetivos. Te animo a que reserves en tu agenda 30 minutos al día para responder a las 7 preguntas diarias.

Imagínate estas preguntas poderosas como un encuentro de coaching contigo mismo. Te recomiendo lo siguiente:

- Coge tu cuaderno. Escribe cada pregunta y después añade su respuesta.

- No dejes ninguna pregunta sin responder. Sé honesto y aprovecha para poner en práctica lo que aprendas.

- Cada pregunta te va a hacer pensar. Lo importante es que escribas siguiendo el primer impulso con sinceridad.

- Puede haber preguntas que te sean incómodas. No detengas el proceso de escritura.

- Sé constante y completa el reto de 7 días, porque verás cambios en diferentes áreas de tu vida.

Estas preguntas te van a dar la claridad que necesitas para saber de ti mismo y de tus metas. A continuación comparto contigo los 7 bloques de preguntas:

Día 1

1. ¿Quién soy?

2. ¿Para qué estoy en este mundo?

3. ¿Qué haría si no pudiera fracasar?

4. ¿Cuáles son mis expectativas?

5. ¿Cuáles son mis habilidades y talentos?

6. ¿Qué hábitos me están deteniendo?

7. ¿Qué es lo mejor que podría pasar?

Día 2

1. ¿Qué es lo que más me motiva?

2. ¿En qué pierdo la noción del tiempo?

3. ¿Qué estoy haciendo que es interesante y me anima?

4. ¿Qué es lo que más me divierte y me entretiene?

5. ¿Qué es lo que más me relaja y me permite centrarme?

6. ¿Qué actividades hago con regularidad que me ayudan a lograr mis objetivos?

7. ¿Qué hago bien que puedo mejorar todavía más?

Día 3

1. ¿Cuáles son mis mayores fortalezas?

2. ¿Cuáles son mis debilidades o limitaciones?

3. ¿Cuáles son mis miedos?

4. ¿Qué es lo que más me preocupa que jamás admitiría en público?

5. ¿Qué estoy tolerando en mi vida que me gustaría no tener que tolerar más?

6. Si pudiera eliminar algo de mi vida, ¿qué sería?

7. ¿Qué hago que no me permite avanzar? ¿Por qué?

Día 4

1. ¿Cuáles serían mis objetivos a corto plazo si supiera que tengo solo 1 año más de vida?

2. ¿Cuáles serían mis objetivos si supiera que tengo solo 1 mes de vida?

3. Imagina que han pasado 5 años y te sientes orgulloso por haber conseguido eso que deseabas. Crea una lista con las 5 metas logradas que te hacen sentir orgullo desde ese futuro exitoso.

4. Imagina que hoy ya has alcanzado todos los objetivos que son realmente importantes para ti, ¿qué te falta por cambiar?

5. Si pudiera añadir algo más en mi vida, ¿qué añadiría?

6. ¿Qué es eso que podría hacer si no tuviera problemas de dinero?

7. Imagina que conseguiste el dinero que necesitabas para dejar tu trabajo y hacer eso que tanto deseas: ¿qué hiciste?, ¿qué lograste?, ¿de qué te sientes orgulloso?

Día 5

1. ¿Por qué motivos quiero ser recordado cuando muera?

2. ¿Qué tendría que pasar en estos próximos días/meses para que al despertarme me sintiera realmente feliz?

3. ¿Qué necesito conseguir en cada área de mi vida para que mi vida sea perfecta?

4. Si la persona que quiero ser estuviera delante de mí, ¿qué me recomendaría?

5. Haz una lista de al menos 10 cosas que te limitan para alcanzar tus objetivos.

6. ¿Qué me gustaría que me dijeran cuando dudo acerca de mí mismo?

7. ¿Qué me gustaría que me dijeran cuando siento que estoy alcanzando mis metas?

Día 6

1. Para mejorar, ¿qué es lo que tiene que pasar?

2. Ha pasado un año y he logrado resultados extraordinarios en mis objetivos, ¿qué haría?

3. ¿Cuál fue un momento de mi vida donde obtuve un resultado verdaderamente trascendente para mí?

4. ¿Qué aprendí en ese momento trascendente de mi vida?

5. Si no contara con los recursos necesarios para avanzar en mis objetivos, ¿qué otras posibilidades y opciones tengo?

6. Si tuviera más tiempo disponible para avanzar hacia mis metas, ¿qué haría diferente?

7. Si tuviera menos tiempo disponible para avanzar hacia mis metas, ¿qué haría diferente?

Día 7

1. Siendo realistas, ¿de qué necesito deshacerme para tener la vida que deseo?

2. En cinco años, ¿dónde quiero vivir?

3. ¿Qué pienso que haría en mi lugar la persona que más admiro?

4. Si tuviera frente a mí a la persona que ya ha logrado mis objetivos, ¿qué le preguntaría?

5. ¿Cuáles son los pasos o acciones que puedo tomar ya mismo para acercarme a mi meta?

6. Si supiera por arte de magia que todo lo que hago en las próximas 4 semanas me saldrá bien, ¿qué haría?

7. ¿Qué he logrado en mi vida hasta ahora por lo que me siento realmente orgulloso?

Aquí tienes el reto de *7 días, 7 preguntas poderosas*. Es un ejercicio revelador porque te van a sorprender las respuestas y te van a permitir enfocarte hacia lo que realmente quieres. Creo que estas preguntas van a disipar las nieblas que puedas tener a la hora de saber cuáles son tus objetivos.

No hay una manera buena o mala de responder. Solo has de escribir cada pregunta en tu cuaderno y anotar la respuesta.

¡ESCRIBE CON LIBERTAD!

9 - Llaves para metas

Muchas veces, cuando nos ponemos delante del papel, no sabemos qué escribir. En este caso te planteo una propuesta de escritura distinta. En lugar de comenzar a escribir todo lo que aparezca en la mente, vamos a empezar con una frase determinada que podemos llamar «llave» y que será la que guíe la dirección de nuestra escritura.

La llave puede ayudar a las personas a acercarse a materiales internos que no habían pensado antes de escribir. Puede darnos un pequeño empuje en una dirección inesperada.

Te voy a dar una serie de llaves para abrir tus puertas internas. La idea es que, con cada una de esas llaves, tengas una sesión de escritura contigo mismo. Vamos a utilizar el encuadre del método de escritura libre desarrollado en el libro *Accidental Genius,* de Mark Levy. A continuación te detallo las 6 claves que debes aplicar:

No te esfuerces

Escribe sin esforzarte. Simplemente estamos tratando de poner una palabra detrás de otra, junto con algunas ideas espontáneas que vayan saliendo.

Estamos escribiendo para dar rienda suelta a nuestra mente y dejar a un lado a nuestro crítico interno.

Escribe espontáneamente, ¡déjate ser! No censures tu escritura. No te preocupes por la gramática o las faltas de ortografía. Deja que la escritura te envuelva y permite que el proceso fluya a través de ti.

Es imposible hacerlo mal.

Escribe rápido y continuo

De esta forma, tu crítico interior no puede seguirte, se queda en el camino. La escritura rápida y continua te relaja y mejora tu pensamiento.

Al escribir rápidamente invitas a tu mente a funcionar a una velocidad cercana a la velocidad de tu pensamiento. Esto nos llevará a un nivel de pensamiento diferente y al que es difícil acceder en el curso normal de nuestra rutina diaria. El acceso a este nivel de pensamiento es la clave y el potencial de esta herramienta de escritura libre.

Recuerda, no te detengas.

Escribe con cronómetro

Escribe por intervalos de tiempo de 10, 15 y 20 minutos. Tener presente un tiempo determinado nos permite y nos motiva para escribir hasta el final.

Tenemos una meta clara: escribir durante «x» minutos. De esta manera, no te preocuparás de cuándo parar o no. Te avisa el cronómetro.

Escribe como piensas

Es importante dar rienda suelta a tu sabiduría interior, justo por eso no escribes como hablas, sino como piensas. Es decir, para obtener tus pensamientos más primarios, más arraigados y más profundos, no escribas como hablas, escribe como piensas.

Tu escritura únicamente tiene que tener sentido para ti, no para otras personas. Estás escribiendo para ti mismo. Ya que, si pensamos que lo que escribimos lo puede leer alguien, se activa nuestro crítico interno.

Déjate llevar por tu pensamiento

Al escribir, simplemente déjate llevar por lo que escribes. Sigue a tus ideas porque te llevarán más allá de tu pensamiento y tus límites mentales.

Sé el observador de tu escritura, fluye en la dirección que vaya, sin juicios ni resistencias y permite esa «explosión» dc ideas.

Eres tú y el papel navegando por tu corriente primaria de pensamientos. El ir a favor de tu pensamiento genera aceptación y desencadena tu escritura.

Redirige tu atención

En ocasiones puede que te quedes sin cosas que escribir, que no sepas realmente cómo continuar o que te quedes totalmente parado frente al papel. Por eso te propongo redirigir tu atención con una pregunta y así mantener en movimiento tu escritura. Este cambio de rumbo puede ayudarte a explorar partes desconocidas de tu mente y tus pensamientos.

Se trata de utilizar una pregunta sobre lo que acabas de escribir para seguir manteniendo los dedos y la mente en movimiento.

Aquí tienes algunas preguntas «cambiadoras» para continuar escribiendo:

- ¿Qué más puedo decir de esto?

- ¿Qué está pasando aquí?

- ¿A qué me recuerda esto?

- ¿Qué me estoy perdiendo aquí?

- ¿Por qué me quedo atascado justo aquí?

- ¿Cómo puedo hacer esto más interesante?

- ¿Me estoy equivocando? ¿En qué?

- ¿Qué estaba ocurriendo ese día?

- ¿Cómo describiría esto mi abuela?

- ¿Cómo lo resolvería mi madre o mi padre?

- ¿Por qué?

Elige dos o tres de las preguntas anteriores, las que más te llamen la atención para explorar. Cópialas en un trozo de papel y ponlo junto a ti cuando tengas tu sesión de escritura. Cuando choques contra una pared mental, agarra una pregunta y, adelante, a ver a dónde te lleva.

¿Tienes claras las 6 claves de la escritura libre? Espero que sí. Ahora es momento de mostrarte las llaves con las que vamos a trabajar dentro del espacio de metas y sueños.

Seguidamente verás que las llaves en forma de principios te van a permitir iniciar tu escritura. Recuerda escribir siguiendo las directrices que hemos visto:

- Mi vida sería perfecta si...

- La mejor parte de mi día es...

- Si tuviera garantizado el éxito, haría…

- Lo más sencillo que yo podría hacer para marcar la diferencia es…

- Realmente me impresiona de mí mismo…

- El proyecto del que me siento más orgulloso es…

- Si no tuviera que trabajar…

- Qué puedo hacer para que el día de hoy sea más emocionante…

- Me encantaría aprender sobre…

- Mi día perfecto sería…

- Me encantaría conocer…

- Amo…

- Odio…

- Si hiciera lo contrario de lo que hago normalmente, mi día sería…

- Qué me gustaría volver a hacer…

- Esto suena loco, pero mi productividad aumentaría un 300% si…

- Debo hacer más…

- Lo que me gustaría hacer y todavía no he hecho…

- Sé tres maneras de hacer la diferencia en este mundo…

- Mi vida va a ser mejor cuando…

- Estoy agradecido de…
- Lo que me gustaría conseguir al final de este año…
- Lo que realmente quiero es…
- Para mí, el éxito en la vida es…

Interesantes las llaves, ¿verdad? Te animo a agregar tus propias llaves y releer lo que has escrito pasados unos días. En tu sesión de relectura podrías preguntarte lo siguiente:

- ¿Qué me ha sorprendido?
- ¿Qué puedo poner en práctica?
- ¿De qué me he dado cuenta?
- ¿Qué he aprendido de mí?
- Realmente, ¿cuáles son mis metas?
- ¿Qué es lo que realmente quiero hacer con mi vida?
- ¿Cómo puedo servir al mundo?

10 - La felicidad es el secreto

¿En aquello que te hace feliz están tus metas? ¿Tus sueños son consecuencia de tu felicidad? Quiero que por ti mismo explores estas preguntas a través del siguiente ejercicio.

Piensa que tu estado emocional y anímico determinará tus resultados a corto y largo plazo. Por ello, vamos a incluir en nuestro día a día lo que nos hace felices. Esto nos ayudará a sentirnos más capaces de lograr la vida que deseamos.

Cuando hablamos de metas, ten siempre presente que tu estado de ánimo y tu motivación son ese fuego interior que te impulsará en la dirección que quieres tomar.

Este ejercicio está diseñado para conectar con nuestro estado interior de felicidad. Quiero proponerte la siguiente idea sobre la felicidad:

La felicidad no tienes que ir a buscarla, está justo delante de ti. Si te miras al espejo la verás. ¿Qué sucede?, que está detrás de tu programación mental, creencias irracionales, heridas emocionales y resentimientos. Si empiezas a quitar cada una de estas capas, encontrarás que la felicidad sigue perteneciéndote. Te pertenece por derecho y merecimiento, sin requisito que cumplir.

… Y este ejercicio tiene la finalidad de ayudarte a conectar con ella. El objetivo es que experimentes cómo la felicidad está en ti.

La felicidad es un espacio para conectar contigo mismo. Para ello vamos a confeccionar una lista con 50 cosas que te hacen feliz. Quizá te puedas estar preguntando cómo sé qué es lo que me hace feliz. Piensa y siente aquello que te genera alegría, inspiración, motivación, significado, pasión o sentido. Seguro que ya te van viniendo ideas a la cabeza.

Toma unos segundos para respirar y entrar en contacto con la felicidad que reside en tu interior. Date el permiso de soñar, de expresar todo aquello que te hace feliz. No lo pienses mucho y deja que tu mano se exprese.

Escribe realmente lo que te hace sentir bien. Si te fijas, nos solemos centrar en todo lo que nos hace «infelices». Todos los días estamos instalados en la queja y en tener razón. Pero si giras un poco la mirada, podemos ir encontrando lo que nos hace felices.

Nos enfocamos en lo que no nos gusta, en lo que nos produce tristeza. Luchamos con lo que queremos cambiar, pero no nos centramos en lo que disfrutamos, en lo que nos gusta hacer, en lo que hemos logrado, en nuestros sueños. La idea es que practiques este enfoque en tu vida y programes tu mente de una manera más inteligente y positiva.

Se trata, entonces, de escribir 50 cosas que te hagan feliz. Es decir, que te generen pasión, alegría, inspiración, sentido, motivación…

¡ADELANTE CON TU LISTA!

Dos propuestas complementarias:

1. Una vez tengas tu lista, selecciona 5 cosas que te hacen feliz para realizarlas la próxima semana.

2. Vuelve a leer tu lista y pregúntate:

a. ¿Mis metas están conectadas con lo que me hace feliz?

b. ¿Podría encontrar objetivos a desarrollar dentro de esta lista?

c. ¿Mis sueños está relacionados con elementos de la lista?

Ten en cuenta el ingrediente de la felicidad cuando quieras lograr tus metas y cumplir tus sueños.

XIII

Conocerse a uno mismo

Cuando hablamos de conocernos a nosotros mismos no se trata de enumerar una serie de virtudes y defectos, sino de un recorrido necesario donde exploraremos nuestra dimensión interior. Dicho de otra manera, el autoconocimiento es un camino que nos lleva a observarnos, comprendernos y conocernos.

Fíjate cuántas disciplinas científicas como la psicología, la biología o la neurociencia, entre otras, llevan siglos estudiando al ser humano. De igual forma, las corrientes filosóficas y religiosas se adentran en comprender la naturaleza humana. En nuestro caso, vamos a explorarnos a nosotros mismos. Pero toma en consideración todo lo que un ser humano puede abarcar dentro de sí mismo.

A veces, conocerse a uno mismo parece una tarea difícil. Sin embargo, no es necesario que sea así. En este apartado tendrás ejercicios prácticos que te guiarán para conocerte mejor, para descubrir cosas que desconoces de ti, para comprender comportamientos y para ser más libre.

Conocerse a uno mismo es una brújula interior que permite vivir con más sabiduría, bienestar y tranquilidad. En muchas ocasiones no sabemos qué responder o cómo actuar debido a la falta de autoconocimiento.

Gran parte de nuestra aflicción tiene que ver con el desconocimiento, tanto de nosotros mismos como de la funcionalidad de nuestra mente. Además, se suma que lo que creemos acerca de nosotros suele ser una interpretación que hicimos en el pasado, basándonos en cómo los demás nos definían. Es el momento de preguntarnos: ¿quiénes somos realmente?

Conocerse es adentrarse a nuestra dimensión interior. ¡Hay tanto que conocer! Es como lanzarse a la búsqueda de tesoros. Dentro de ti hay tesoros y, a pesar de ello, nos quedamos en la superficie. Es como llegar a una isla y quedarnos en la orilla, en vez de aventurarnos a descubrir que hay en ella.

Es verdad que, a la hora de explorar, hemos de tener algunas señales en el mapa para saber qué dirección tomar. De eso se van a encargar los ejercicios. Realiza cada ejercicio para ampliar tu visión de ti mismo y explorar tu territorio interior.

Para conocerte a ti mismo, solo necesitas una cosa: estar dispuesto a querer hacerlo, todo lo demás aparecerá en el camino.

1 - La línea de vida

Una excelente manera de conocernos a nosotros mismos es a través de la creación de nuestra línea de vida. Tu línea de vida es un espacio gráfico donde vas a plasmar, por orden cronológico, los momentos más importantes de tu vida.

Para esta propuesta, necesitarás una cartulina y rotuladores. La idea es crear un espacio visual donde poder incluir los eventos más relevantes que has vivido.

Es importante que tengas en consideración lo siguiente:

No hay una manera correcta o incorrecta de hacer la línea de vida. Eres tú la persona que valora la importancia de sus propios recuerdos y eres libre de incluir aquellos eventos que sientas que tuvieron más influencia en tu vida.

¿Cómo dibujamos la línea de vida?

- Como su propio nombre indica, hemos de realizar una línea en el centro de la cartulina. Puede ser de forma vertical u horizontal.

- Comenzaremos la línea de vida con nuestro nacimiento, e iremos agregando de forma cronológica los eventos de nuestra propia historia hasta el momento presente.

- Puedes incluir las fechas si las recuerdas.

- Puedes poner un título a cada evento que incluyas y describirlo. Y, con otro rotulador, señalar las emociones, pensamientos y sentimientos que predominaban.

¿Qué podemos incluir en nuestra línea de vida? (Villegas, 2013):

- Acontecimientos vitales: nacimiento, muerte de personas queridas, matrimonio, parejas...

- Acontecimientos significativos: hitos importantes como un cambio de vivienda, estudios, viajes...

- Momentos de inflexión: crisis de más o menos intensidad que se asumen y se elaboran. La persona suele remontar y hasta puede salir reforzada. Percepción de continuidad.

- Momentos de corte: se trata de puntos de inflexión que suponen un fuerte contraste entre el antes y el después. Se produce una percepción de ruptura de difícil elaboración: accidente, catástrofe, experiencia traumática...

Date el tiempo necesario para la elaboración de tu línea de vida. Puedes crearla a lo largo de varios días. Lo importante es reflexionar y conocer los momentos más significativos de tu vida. Verlos visualmente te ayudará a conocerte mejor.

Una vez tengas delante tu línea de vida puedes preguntarte:

- ¿Qué es lo más significativo que he descubierto?

- ¿Hay acontecimientos que se repiten?

- ¿Qué he aprendido?

¡ADELANTE CON TU LÍNEA DE VIDA!

2 - Fotografías personales

En esta propuesta vamos a combinar la escritura y la fotografía explorando nuestra historia personal a través de las imágenes.

Te has preguntado por qué la fotografía fascina tanto a las personas de todas las edades y épocas. Hacemos fotografías de todos los acontecimientos de nuestra vida, ¿por qué? Una posible razón es ayudar a nuestra memoria a recordar los aspectos significativos, emocionales, motivadores e inspiradores de nuestra existencia.

Tenemos imágenes de ceremonias, fiestas, nacimientos, dolores, tristezas y alegrías. Utilizamos las imágenes como registro de emociones y vivencias que nos suceden a lo largo de la vida.

Las fotografías contienen información, historias que contar, emociones que compartir y evocan pensamientos, sentimientos y recuerdos significativos. Al ver una imagen, cada persona ofrece su interpretación y significado, proyecta su universo inconsciente sobre ella, y crea asociaciones cognitivas y afectivas propias. Por este motivo, las fotografías son herramientas de auto-descubrimiento y sanación.

La creación de esta propuesta está basada en el libro de Fina Sanz titulado *La fotobiografía: Imágenes e historias del pasado para vivir con plenitud el presente*.

Para este ejercicio buscaremos 9 fotografías con las que narrar las diferentes etapas de nuestra vida —infancia, adolescencia y adultez—. Las fotos personales son puentes para acceder, explorar, clarificar y comunicar acerca de nuestros pensamientos, emociones, sentimientos y recuerdos —incluso los que están enterrados profundamente u «olvidados» hace mucho—.

El hecho de buscar esas 9 fotografías significativas de nuestras etapas vitales ya es un proceso terapéutico en sí mismo y también una toma de conciencia.

Una vez tengas seleccionadas las imágenes, colócalas en tres filas por orden cronológico —infancia, adolescencia, adultez—. Crea un espacio seguro, cómodo y tranquilo para trabajar con tus fotografías.

Cada imagen tiene una historia que contar. Respira profundamente mirando cada una y responde a las siguientes preguntas:

- ¿Qué historia puedo contar acerca de esta imagen?

- ¿Quién la hizo?

- ¿Qué sentimientos, recuerdos o pensamientos me vienen a la mente cuando la veo?

- ¿Para qué se hizo?

- ¿Me gusta o me disgusta?

- Si esta foto tuviera voz, ¿qué me contaría?

- ¿Qué me dirían las personas que aparecen en la imagen?

- ¿Me recuerda a algún momento de mi vida: infancia, adolescencia…?

- ¿Me gustaría decir algo a alguien de la foto?

- ¿Podría tener algún mensaje oculto para contarme?

- ¿Qué dice de mí esta fotografía?

Escribe y narra las historias de tus fotografías. Toma conciencia, aprende y siente. Se trata de un proceso vivencial que te permite dar una mirada global a tu pasado para comprender identidades, creencias, valores, sentimientos y así poder conocerte mejor.

Una vez sientas que has terminado la narración de tus fotografías, observa de forma integral cada etapa y dime: ¿con qué te quedas de cada una? Es decir, ¿cuáles son los aprendizajes?, ¿de qué te has dado cuenta?...

¡ESCRIBE!

3 - La línea de vida en positivo

¿Cuántos momentos nos han hecho felices en nuestra vida? ¿Cuántas veces hemos llorado de alegría? ¿Cuántas veces un abrazo nos ha ayudado a seguir adelante?

Nuestra vida está compuesta de momentos positivos y sanadores. Lo que sucede es que pasan desapercibidos porque tenemos la mirada puesta en el dolor y el sufrimiento. No pretendo que sea una crítica, sino que tomemos conciencia y empecemos a trabajar en una mirada que nos fortalezca.

El hecho de conocernos a nosotros mismos es una actividad de observación diaria. Conocerse implica darse cuenta de nuestros logros, de los acontecimientos que nos han transformado y de nuestros aprendizajes. De esta manera, iremos activando nuestro potencial interior.

El ejercicio es sencillo: traza una línea horizontal o vertical en una cartulina o folio. Señala al inicio la fecha de nacimiento y al final la fecha presente. Escribe y marca todas las experiencias positivas que has tenido a lo largo de tu vida. Por ejemplo:

- Momentos felices.

- Metas cumplidas.

- Experiencias de aprendizaje.

- Logros de los que te sientes orgulloso.

La vida está llena de experiencias que nos han hecho felices. Es el momento de escribirlas y visualizarlas en nuestra línea de vida.

¡ADELANTE!

4 - Tu cuento preferido

Los cuentos y las historias forman parte de nuestra infancia. Un excelente ejercicio de autoconocimiento es traer a nuestra mente el cuento favorito de nuestra niñez. ¿Cuál era el tuyo?

A través de nuestro cuento preferido podemos conectar con emociones, necesidades y deseos que posiblemente hayamos olvidado con el pasar de los años. Haz un viaje interior para traer a la memoria tu historia o cuento. Busca un lugar tranquilo y date permiso.

Esta propuesta de escritura terapéutica tiene los siguientes pasos:

1. Cuenta en voz alta tu historia y escríbela.

2. Ahora escribe nuevamente tu cuento, pero esta vez en tiempo presente, como si estuviese ocurriendo aquí y ahora.

3. Escribe tu cuento siendo **tú** el protagonista de la historia.

ADELANTE, ¡SUMÉRGETE EN EL CUENTO!

Has escrito tu cuento desde tres perspectivas distintas con la finalidad de conocerte mejor:

- ¿Por qué crees que este cuento es tu favorito?

- ¿Qué relación guarda esta historia con tu vida?

- ¿En qué se parece el protagonista a ti mismo?

Responde a estas preguntas para ir tejiendo una unión entre tu infancia y tu presente.

Los cuentos son el lenguaje universal del inconsciente. Se trata de un lenguaje indirecto que nos acompaña desde el origen de los tiempos. Las personas somos seres narrativos deseosos de conectar con lo instintivo, creativo y auténtico de la psique humana. Por tanto, incluye los cuentos como un elemento curativo para tu vida.

5 - El diario de sueños

El mundo onírico suele fascinar a las personas; siempre queremos encontrar el significado de nuestros sueños. El universo en el que nos sumergimos cuando dormimos nos da mucha información acerca de nosotros mismos.

¿Alguna vez has creado un diario de sueños? Este es el objetivo de esta propuesta de escritura. Elige tu cuaderno para registrar, recordar y escribir sobre tus sueños.

La idea es que tengas siempre en tu mesilla de noche tu libreta junto con un bolígrafo. De esta manera, podrás registrar y anotar tus sueños en el momento de despertar. Si no lo hacemos, posiblemente se nos olviden.

Cuando te despiertes, no te levantes rápidamente. Repasa mentalmente todo lo acontecido durante la noche, es decir, toma conciencia de tus sueños. No importa si solo recuerdas trozos sueltos, al anotarlos de manera habitual, cada vez te resultará más sencillo.

Coge tu cuaderno o diario y escribe libremente todo lo que te venga a la cabeza sobre tus sueños nocturnos. También procura dejar libertad a la mente para que haga conexiones y asociaciones con tu vida diurna. En pocas palabras, toma unos minutos al despertar para repasar tus sueños y después empieza a escribir.

Es posible que al despertar no recuerdes tus sueños. Pero sí las sensaciones, emociones o sentimientos. De todo esto puedes tomar nota en tu cuaderno.

Ten presente que a soñar se aprende como a caminar o montar en bicicleta. Se trata entonces de adquirir el hábito, de usar nuestro cuaderno y de darnos tiempo y espacio para descubrir nuestro universo onírico.

Una vez hemos hecho un repaso mental de lo soñado, y hemos escrito todo lo que nos vino a la cabeza sin pensar en ello, ya podemos pasar a la fase siguiente: el análisis del sueño para tomar conciencia de una manera más profunda.

Nuestro propio análisis de los sueños tiene mucho más valor que cualquier interpretación de una persona externa. El material de nuestros sueños es algo personal y hemos de ser nosotros los que busquemos el sentido de nuestros sueños. Al principio, puede ser una labor compleja, pero será más sencilla si vamos poco a poco respondiendo a las siguientes preguntas clave:

- ¿Qué título pondrías a tu sueño?

- ¿Cuál es el lugar donde transcurre el sueño? Descríbelo al detalle y anota qué está sucediendo en ese lugar.

- ¿Cuál es para ti el tono emocional del sueño? Alegre, pacífico, temible, contemplativo, tenso, excitante, conflictivo…

- ¿Cómo te has sentido en el sueño y cómo te has sentido al despertar?

- ¿El sueño te evoca algún recuerdo sobre algo, sobre alguien o alguna situación reciente?

- ¿Quiénes son los protagonistas del sueño? ¿Qué relación tienen contigo?

- ¿Cómo es el protagonista o son los protagonistas de tu sueño? Describe su forma de ser, sus características, su manera de actuar, lo que dicen, lo que piensan...

- ¿Te identificas con algún rasgo del protagonista? o ¿posee el personaje alguna característica tuya?

- ¿Cuáles son los objetos presentes en el sueño? ¿Qué función cumplen en el sueño? Descríbelos detalladamente. Estos objetos son símbolos personalizados. Cada objeto puede tener para ti un significado concreto.

- Después de haber respondido a estas preguntas, ¿cuál sería tu interpretación del sueño?

- ¿Lo soñado puede ayudarte a transformar algún aspecto de tu vida?

- ¿Puedes encontrar alguna enseñanza o aprendizaje en el sueño? ¿Cuál?

- Si el sueño no ha sido agradable, ¿cómo lo transformarías para que lo fuera?

Como ves, estas preguntas nos ayudan a trabajar sobre nuestros sueños. Tenlas en cuenta como un guion que te facilitará la escritura.

Si puedes, nada más despertar haz el registro del sueño y su análisis, porque ese es el mejor momento para realizarlo. Tendrás en tu mente toda la información fresca para sacar el máximo partido a tu diario de sueños. También puedes registrar únicamente el sueño al despertarte y dejar para después el análisis del mismo.

Es muy importante tomarnos el tiempo necesario para analizar nuestros sueños, porque serán una gran fuente de autoconocimiento.

¡HAZTE UN SOÑADOR CONSCIENTE!

6 - 100 cosas que he aprendido

Aprender forma parte de la vida, ¿estás de acuerdo? En nuestra trayectoria vital, ya sea larga o corta, contamos con muchos aprendizajes que nos han ayudado a crecer, a conocernos y a ser quienes somos en el momento presente.

Cuando hablo de aprender no me refiero al aprendizaje tradicional de la escuela, sino al aprendizaje de la vida. Como se suele decir, la vida es una gran maestra si permitimos que nos enseñe. Aunque muchas veces sucede que somos arrogantes y creemos saberlo todo.

En multitud de ocasiones vivimos en nuestra mente, es decir, es nuestro ruido mental de preocupaciones y juicios. Nos olvidamos de vivir aprendiendo cada día.

Esta propuesta consiste en crear una lista de 100 cosas que hemos aprendido de la vida o 100 cosas que la vida nos ha enseñado. Es un reto escribir esta lista. Vamos a permitir que nuestra mente se deje llevar y nos muestre todo lo aprendido.

Poner por escrito el conocimiento adquirido a lo largo de nuestra vida nos permite tomar conciencia de que gran parte de lo que somos tiene que ver con lo que hemos aprendido y, sobre todo, con lo que hemos hecho con ese aprendizaje.

Quizás pienses que no puedes encontrar 100 cosas que has aprendido, pero te aseguro que no es verdad. Una vez te pongas a escribir, te darás cuenta de todo lo que la vida te ha enseñado y te sigue enseñando.

Piensa por un momento en todas las situaciones, experiencias y vivencias que has tenido. Todas las personas que se han cruzado en tu camino. Todas las conversaciones. Todos los sucesos y eventos, como también todas las lecturas y películas.

Haz memoria de todos aquellos momentos mágicos que la vida te ha permitido vivir. Darnos cuenta de lo que hemos aprendido es una invitación a conocernos mejor y a tener una convivencia más amable con la vida.

Para empezar tu lista, te sugiero algunas pequeñas llaves o frases iniciales:

- He aprendido de la vida…
- La vida me ha enseñado…
- Gracias a la vida…
- La vida me enseña…
- De la vida aprendo…

El objetivo es escribir tu lista hasta el final. Es posible que repitas cosas, no pasa nada. Si te quedas en blanco, sigue escribiendo, no pares.

Una vez que tengas tu lista escrita, léela en voz alta. También puedes preguntarte:

- ¿De qué me ha servido escribir esta lista?
- ¿Qué he descubierto de mí mismo?
- ¿Qué me ha sorprendido?
- ¿Qué es lo que más valoro de todo lo aprendido?

¿Cuáles son los aprendizajes que más me han ayudado?

7 - El discurso universitario

Este ejercicio de escritura terapéutica es para abrir las puertas a tu poder interior y al autodescubrimiento.

¿Sabes que hay partes de ti mismo que desconoces? ¿Sabes que dentro de cada persona hay un potencial creativo? ¿Sabes que todos tenemos un pequeño genio dentro? Ya sé que puedes dudar de lo que te digo, pero te aseguro que hay una parte dentro de ti que quiere expresarse y ser la mejor versión de ti mismo. ¡Vamos a conocerla!

Imagínate lo siguiente:

Son las 9 de la noche y recibes una llamada, quieren que des un discurso de fin de carrera a universitarios que se acaban de graduar y salen al mundo de los adultos.

Tu corazón se acelera, intentas rechazar la propuesta y piensas: «¿Quién soy yo para dar un discurso? ¿Qué les voy a decir? Pero si ni siquiera terminé los estudios».

Al final, aceptas la invitación.

La mente empieza a bombardearte con ideas de lo que puedes decir. Coges papel y bolígrafo. Respiras profundamente, sabiendo que en alguna parte de ti hay un fuego interior dispuesto a inspirar a esos universitarios.

¡ESCRIBE TU DISCURSO!

Quiero que de verdad te pongas en situación: visualiza el escenario, la ropa que llevas puesta y la gente sentada delante de ti. Quizás necesites algunos borradores antes de tener un discurso que te haga sentir orgulloso de ti mismo.

Hagamos que este ejercicio sea un experimento para descubrir nuestra capacidad de comunicación y pasión.

Lo sé, lo sé… No sabes por dónde empezar. Qué tal empezar por presentarte. Es un gran reto hablar de nosotros mismos. Organizar la mente sobre quién eres puede resultar incómodo. Pero vuelve a la situación que te planteé y recuerda que te están esperando en la universidad mañana, no puedes faltar.

¡ADELANTE!

8 - ¿Y si no tuviera miedo?

Esta gran pregunta da inicio a un ejercicio que puede ser un punto de inflexión para atreverte a vivir la vida que deseas.

¿Te has preguntado alguna vez cuántas cosas dejamos de hacer por miedo? ¿Cuántas veces el miedo nos ha ganado la batalla? Como leí en una ocasión: detrás del miedo está la libertad.

¿Te imaginas vivir sin miedo? ¿Te imaginas levantarte una mañana y que el miedo hubiera desaparecido? Este es el escenario sobre el que vamos a escribir.

Imagina que una noche, mientras duermes, sucede un milagro y el miedo desaparece para siempre de tu vida.

Conecta con esa imagen. Visualiza cómo estás en la cama durmiendo mientras está sucediendo el milagro. Siente en tu cuerpo y mente todos los cambios.

¡ESCRIBE!

Te sugiero algunas preguntas para motivarte a escribir esta propuesta:

- ¿Cómo te darías cuenta de que el miedo ha desaparecido?

- ¿Cómo te sentirías al levantarte?

- ¿Qué harías diferente?

- ¿Cómo se darían cuenta las personas de tu alrededor?

- ¿Dónde vivirías y con quién?

- ¿Qué cambiarías?

- ¿Qué dejarías atrás?

- ¿En qué trabajarías?

- ¿Quién serías sin miedo?

Escribe dejando el miedo a un lado. Es una práctica sanadora permitir que nuestra mente empiece a sentirse a gusto en una nueva situación donde el miedo no está presente.

El miedo nos bloquea y paraliza, y muchas veces se acaba convirtiendo en ansiedad. Cuando el miedo está en nuestra vida nos olvidamos de nosotros mismos. Este ejercicio es para recordarte quién eres y conectar con tu sabiduría interior.

¡VUELVE A DESCUBRIRTE A TI MISMO Y SORPRÉNDETE!

9 - Escucha a tu niño interior

La infancia es aquel lugar donde hemos de regresar para conocernos de verdad. Muy probablemente aquello que no entiendes de ti mismo, e incluso aquello que desconoces, se forjó en el periodo de tiempo de tu infancia. No olvides que en esta etapa nuestro cerebro se está formando, y que aprendemos el lenguaje de las emociones de igual modo que también aprendemos a interpretar el mundo y a nosotros mismos a través de la mirada de nuestros cuidadores.

El ambiente familiar donde nos criamos condiciona nuestra vida tanto para bien como para mal. Por eso es necesario comprender que la mayoría de las personas tenemos dentro de nosotros un niño herido y rechazado, y hemos de darle voz. Darle voz implica sanación, compasión y liberación.

¿Alguna vez has escuchado a tu niño interior? Es importante entender que al vivir situaciones difíciles y dolorosas hemos podido quedar prisioneros de las demandas irracionales de nuestro niño interior. Tenemos que escucharlo y calmarlo, pero también tenemos que recordarnos a nosotros mismos que ya somos adultos y podemos cuidar de nuestro niño.

Trabajar con nuestro interior implica trabajar el autocuidado para conocer aquellas partes que hemos descuidado, ponernos límites a nosotros mismos y sanar heridas. Esto nos permitirá ser más libres para seguir descubriéndonos a nosotros mismos.

Todo nuestro potencial, la mejor versión de nosotros mismos y el desarrollo de nuestras fortalezas están detrás de las heridas de la infancia. Cuando las sanamos, podemos seguir conociéndonos de una manera más real y auténtica, no condicionada por los bloqueos y limitaciones del pasado.

Para esta propuesta de escritura terapéutica vamos nuevamente a trabajar con las llaves. Te voy a facilitar varias llaves o frases iniciales para que las puedas continuar tú mismo. Estos principios nos ayudarán a escuchar y conocer a nuestro niño interior.

El contenido de estas llaves o frases iniciales son una guía para explorar nuestro interior. Esta propuesta está inspirada en el trabajo del psicoterapeuta Nathaniel Branden. Puedes encontrar cómo las utiliza en sus diferentes libros.

- Cuando tenía cinco años...

- Cuando tenía diez años...

- Cómo era el mundo cuando yo era pequeño...

- Cómo eran las personas cuando yo era pequeño...

- Con mis amigos me sentía…

- Cuando me sentía solo, yo...

- Cómo eran mis padres cuando yo era pequeño…

- Qué me parecía la vida cuando era yo pequeño...

- Si el niño que hay dentro de mí pudiera hablar, diría...

- Una de las cosas que tuve que hacer de niño para sobrevivir fue...

- Cuando el niño que llevo en mi interior se siente ignorado por mí...

- Cuando el niño que llevo en mi interior se siente criticado por mí…

- Sospecho que estoy actuando a través de mi niño interior cuando...

- Si ese niño fuera aceptado por mí...

- Yo sería más amable con mi niño interior si...

- Mi niño interior necesita decirme…

- Si aceptara plenamente a ese niño como a una parte valiosa de mí...

- Comienzo a darme cuenta de....

- Cuando me miro desde esta perspectiva...

A continuación encontrarás dos recomendaciones complementarias para esta propuesta:

- Coge cada llave y escríbela al inicio de un folio en blanco. Luego, lánzate a escribir 10 posibles finales para completar cada frase. Escribe rápidamente, sin detenerte, dejando a un lado el juicio.

- Repite este ejercicio varias veces, con intervalos de tiempo de un mes. No leas lo que escribiste anteriormente. Haz nuevamente el ejercicio y verás que cada vez logras más conocimiento de ti mismo, como también curación e integración interior.

10 - Preguntas para el autoconocimiento

Como hemos visto anteriormente, las preguntas pueden ayudarnos a contemplar otras visiones, abrirnos a las posibilidades, liberarnos de condicionamientos mentales y conocernos más profundamente.

Las preguntas con las que vamos a trabajar seguramente sea la primera vez que te las plantees. Así que tienes una gran oportunidad para adentrarte a tu dimensión interior.

Te invito a que te descubras a ti mismo a través de las preguntas. No hay una manera buena o mala de responderlas. Mi recomendación es que utilices la metodología de la escritura libre que te enseñé para maximizar los resultados de este ejercicio.

¿Estás dispuesto a descubrirte a ti mismo y ser honesto? Seguidamente tienes un listado de 40 preguntas para conocerte mejor. Escribe la primera respuesta que te venga la cabeza. Cada contestación te mostrará algo sobre ti.

1. ¿Qué es para mí la vida?

2. ¿Cómo me defino?

3. ¿Qué es lo mejor de ser yo?

4. ¿Qué me hace falta para ser yo realmente?

5. ¿Cuándo mi vida sería simple y sencilla?

6. ¿Cuándo me resulta fácil aceptarme?

7. ¿Qué es lo que más me cuesta aceptar de mí mismo?

8. ¿Qué emociones y sentimientos me cuesta más aceptar?

9. Si soy honesto conmigo, ¿cuáles son verdaderamente mis deseos y necesidades?

10. ¿Cuándo trato de evitar la responsabilidad en mi vida?

11. ¿Cuándo me siento más indefenso?

12. ¿Qué es lo que verdaderamente amo, admiro y disfruto?

13. Si estuviera dispuesto a comunicar a la gente lo que siento, ¿qué les diría?

14. ¿Qué me alegra?

15. ¿Qué me entristece?

16. ¿Cuándo me siento valioso?

17. ¿Cuándo me siento valiente?

18. ¿Qué me da miedo?

19. ¿Cuándo me siento herido?

20. ¿Cuándo me siento en paz?

21. ¿Cuál es un pensamiento que quiero alejar de mi mente?

22. ¿Qué pasaría si acepto las cosas que he hecho?

23. ¿Qué es para mí el equilibro?

24. ¿Qué resuelvo fácilmente?

25. ¿Qué me cuesta resolver?

26. ¿Qué es para mí la libertad?

27. ¿Qué es lo que más me emociona?

28. ¿Qué 3 deseos pediría al genio de la lámpara?

29. ¿Cómo actúo cuando estoy contento?

30. ¿Cómo actúo cuando estoy triste?

31. ¿Cómo actúo cuando me enamoro?

32. ¿Cómo actúo cuando me enfado?

33. ¿Cómo actúo cuando tengo miedo?

34. ¿Qué me cuesta pedir?

35. ¿Qué es lo que siempre dejo para otro día?

36. Si tuviera que conversar únicamente una cosa en mi vida, ¿cuál sería?

37. Si pudiera viajar en el tiempo, ¿qué me gustaría hacer?

38. Si pudiera ser un superhéroe, ¿cuál sería? ¿Por qué?

39. ¿Qué haría si fuera presidente de mi país?

40. ¿Qué haría si me tocara la lotería?

Si te fijas, estas preguntas se pueden integrar dentro de los ejes: sentir, pensar y hacer. Gracias a estos ejes podemos conocernos de manera integral. Espero que las respuestas sean pequeñas luces para alumbrar tu dimensión interior. *¡ADELANTE!*

XIV

La relectura

Siempre que trabajemos la escritura terapéutica hemos de unirla a la relectura de los materiales escritos. De esta manera podremos sacar el máximo partido a nuestro crecimiento y sanación interior.

Cuando escribimos, hay cosas que pasan desapercibidas. En cambio cuando hacemos una lectura posterior, podemos identificar creencias, patrones de pensamiento, nudos emocionales y tomas de conciencia que no habíamos observado en el momento de escribir.

Te voy a poner un ejemplo personal. Estuve durante un periodo largo de tiempo escribiendo cada mañana antes de iniciar el día. Se trataba de un diario personal que iba creando en folios. Pasadas las semanas, decidí coger mi montón de folios y releerme. Cuando lo hice descubrí cosas de mí misma que de otra manera no habría observado. A ti te va a pasar lo mismo.

Cada ejercicio que realices tiene una segunda parte: la relectura. La lectura de los ejercicios es tremendamente útil.

También es interesante leer en voz alta tus materiales escritos. Tomarás conciencia de cosas que no te habías dado cuenta cuando escribías.

Podríamos hablar de diferentes relecturas. Unas lecturas se pueden realizar los días siguientes al ejercicio y otras lecturas en las semanas o meses siguientes, incluso años posteriores, para darnos cuenta de la evolución.

La relectura nos permite encontrar un camino de migas de pan. Vivimos de manera automática cada día, creyendo que nada cambia y que todo sigue igual. Pero no es así. Si recorres tus palabras de los diferentes momentos de tu vida encontrarás tus avances.

La evolución en el tiempo la podemos medir con la relectura. Te recomiendo que tengas tu propia libreta para escribir todo aquello que vas descubriendo cuando te vuelves a leer. Ve apuntando todo lo que observas de ti mismo. Sé un explorador de tu interior. Puedes ir escribiendo los pensamientos, sentimientos, sensaciones y emociones que vayas sintiendo, así como también pararte a escribir una reflexión. Por otro lado, es interesante que señales pensamientos recurrentes, creencias limitantes, repeticiones de situaciones, conexiones, asociaciones… Encontrarás un mapa muy interesante para conocerte.

Vamos ahora con los puntos más relevantes que permiten lograr la práctica de la relectura:

- Permite una distancia y perspectiva para explorar aspectos de nosotros que no habíamos visto a la hora de escribir.

- Permite reflexionar acerca del sentido y significado de los materiales escritos.

- Permite establecer conexiones, encontrar repeticiones, enlazar con situaciones pasadas, descubrir nuestra voz interior, mejorar la comprensión de situaciones vividas…

- El tener escritos varios materiales a lo largo del tiempo nos permite darnos cuenta de nuestra evolución. Y, al mismo tiempo, de los cambios realizados y los que todavía nos quedan por hacer.

Recuerda que tenemos sobre el papel nuestra mente tanto consciente como inconsciente. Por ello, la oportunidad es tuya para reconocerte en territorios inexplorados y advertir aquellas piedras en el camino que verás una y otra vez en tus textos.

Recuerda algo: detrás de todo el parloteo de la mente, que también vas a encontrar cuando escribas, existe un poder único en cada ser humano capaz de mover montañas.

Podemos trabajar con nuestra libreta de relectura para tomar nota desde tres ejes de búsqueda:

- Búsqueda de pensamientos recurrentes, situaciones que se repiten, creencias limitantes, patrones de pensamiento.

- Búsqueda de emociones, sensaciones y sentimientos.

- Búsqueda de la verdadera voz sabia o sabiduría interior.

Como ves, se entrelazan la lectura y la escritura. Leemos nuestros materiales mientras escribimos buscando desde los ejes que te acabo de enseñar.

XV

Consideraciones finales

¡Enhorabuena por llegar al final del libro! Terminamos el recorrido por la escritura terapéutica con dos ejercicios.

Vamos con el primero de los ejercicios. Una vez que hemos leído el libro, aprendido sobre esta disciplina y trabajado las propuestas prácticas, es el momento de crear nuestra propia definición de escritura terapéutica. No la que yo te pueda decir, sino la tuya, una personal e intransferible.

¡Adelante, crea tu definición!

Tener una definición clara y concreta nos va a permitir tanto conectar con el valor de la escritura terapéutica como también podérselo transmitir a las demás personas.

El segundo de los ejercicios es confeccionar dos listas para tenerlas siempre a mano y en un lugar visible. Y ese lugar puede ser tu espacio personal de escritura:

- La primera lista son tus 10 razones personales para escribir. Se trata de que te recuerdes siempre el para qué continuar escribiendo cada día. La motivación es el principal motor para la acción.

- La segunda lista son 10 recomendaciones que te ayuden a la hora de escribir.

Tus razones y recomendaciones personales son tuyas. Las vas a ir encontrando en tu práctica de escritura terapéutica. Así que hazte dos preguntas:

- ¿Para qué escribo?

- ¿Qué es lo que me ayuda a seguir haciéndolo?

Seguidamente compartiré contigo una bibliografía para que puedas consultar y ampliar tu aprendizaje. Espero que te sea de utilidad.

Es hora de despedirnos dándote las gracias por haberme acompañado hasta aquí. Te invito a que me escribas para contarme tus experiencias con este libro. Me puedes encontrar en mi correo: yoescribo@psicoguias.com

Si quieres estar al tanto de mis nuevos libros, cursos y talleres, sígueme en:

- Facebook: ***https://facebook.com/psicoguiasweb***

- Instagram: ***https://instagram.com/helenapsicoguias***

Por último pedirte que si te gustó este libro y lo has encontrado útil puedas dejar tu valoración en Amazon. Te estaría muy agradecida.

¡Un abrazo!

Helena Echeverría

XVI

Bibliografía de las investigaciones

- Pennebaker, J. W. (1997). Writing about emotional experiences as a therapeutic process. Psychological Science, 8, 162-166.

- Slatcher, R. B., & Pennebaker, J. W. (2006). How do I love thee? Let me count the words: The social effects of expressive writing. Psychological Science, 17, 660-664.

- Pennebaker, J. W. (1997). Writing about emotional experiences as a therapeutic process. Psychological Science, 8, 162-166.

- Disclosure of traumas and immune function: health implications for psychotherapy. JW Pennebaker, JK Kiecolt-Glaser, R Glaser. Journal of consulting and clinical psychology 56 (2), 239

- Stefanie P. Spera, Eric D. Buhrfeind, and James W. Pennebaker. Expressive Writing and Coping with Job Loss ACAD MANAGE J June 1, 1994 37:3 722-733;

- Pennebaker, J. W. (2004). Writing to heal: A guided journal for recovering from trauma and emotional upheaval. Oakland, CA: New Harbinger Press.

- Pennebaker, J.W., & Evans, J. (2014). Expressive Writing: Words that Heal. Idyll Arbor Books.

- Pennebaker, J.W. & Smyth, J. (2016). Opening Up by Writing it Down: The Healing Power of Expressive Writing (Third edition). New York: Guilford.

- Pennebaker, J. W., & Chung, C. K. (in press). Expressive writing: Connections to physical and mental health. In H. S. Friedman (Ed.), Oxford handbook of health psychology. New York, NY: Oxford University Press.

Bibliografía complementaria

- Bonet, José Vicente (2002). El diario íntimo: buceando hacia el yo profundo. Desclée De Brouwer.

- Progoff, Ira (1992). At a Journal Workshop: The Basic text and guide for using the Intensive Journal Process. Penguin Putnam.

- Adorna, Reyes (2013). Practicando La Escritura Terapéutica. 79 Ejercicios. Desclée De Brouwer.

- Dr. Lair Ribeiro (1998). Aumente su autoestima. Urano.

- Thompson, Kate (2010) Therapeutic Journal Writing: An introduction for professionals. Jessica Kingsley Publishers.

- Levy, Mark (2010) Accidental Genius: Using writing to generate your best ideas, insight, and content. McGraw-Hill Education.

- Nathaniel Branden (2010). Cómo mejorar su autoestima. Ediciones Paidós.

- Kohan, Silvia Adela (2003). La escritura como búsqueda: Una guía para transformar los conflictos internos en material literario. Alba Editorial.

- Goldberg, Natalie (2015) El gozo de escribir: El arte de la escritura creativa. La Libre de Marzo.

- Nathaniel Branden (2011). Los 6 pilares de la autoestima. Ediciones Paidós.

- Cameron, Julia (2011) El camino del artista. Aguilar.

- Bruder, Mónica (2012). Escritura y cuento terapéutico. Ediciones Hormé. Buenos Aires. Argentina.

- Damasio, Antonio (2011). El error de Descartes. Ediciones Destino.

- Ekman, Paul (2015). El rostro de las emociones. RBA Libros.

- Echeverría, Helena (2016). Lee, Escribe, Camina. CreateSpace Independent Publishing Platform.

- Goldberg, Natalie (2005). Writing Down the Bones: Freeing the Writer Within. Shambhala Publications.

- Cameron, Julia (2000). El Derecho y Placer de Escribir: Curso de Escritura Creativa. Gaia Ediciones.

- Ekman, Paul y SS. El Dalai Lama (2017) Sabiduría emocional. Kairós.

- Goldberg, Natalie (2009). Old Friend from Far Away: The Practice of Writing Memoir. Atria Books.

- Katie, Byron (2014). Cuestiona tu pensamiento, cambia tu mundo. Faro.

- Cameron, Julia (2013). El camino del escritor. Gaia Ediciones.

- Ekman, Paul (2007) Emotions Revealed: Recognizing Faces and Feelings to Improve Communication and Emotional Life. Owl Books.

- Katie, Byron (2009). Amar lo que es. Books4pocket.

- Levy, Mark (2001). Escritura y creatividad: Un método para desarrollar ideas originales y resolver problemas en el trabajo. Ediciones Paidós.

- Bruns, David D.(2012) Adiós, ansiedad: Cómo superar la timidez, los miedos, las fobias y las situaciones de pánico. Ediciones Paidós.

XVIII

Acerca de la autora

Helena Echeverría es licenciada en Psicología por la Universidad Complutense de Madrid con especialidad en Psicología Clínica y Salud. Máster en Psicoterapia por la Sociedad Española de Medicina Psicosomática y Psicoterapia, y Máster en Mindfulness por la Universidad de Zaragoza.

Fundadora de PsicoGuías.com e instructora en Udemy, lugar donde ha formado a más de 3.000 personas de 35 países diferentes sobre temas de psicología y desarrollo personal.

Autora del podcast «PsicoGuías», un programa semanal de psicología práctica y desarrollo personal diseñado para ayudar a las personas a calmar la mente, sentirse más libres y aumentar la confianza. Es uno de los mejores podcasts de psicología de iVoox.

Imparte talleres y conferencias sobre ansiedad, mindfulness y escritura terapéutica. Además de ser autora del libro *Lee, Escribe, Camina*.

En su web puedes descargar recursos gratuitos, acceder a sus cursos online y trabajar con ella en sesiones también online:

https://psicoguias.com